AF215503

Rolf Friedrich Schuett

Verteidigung des Elfenbeinturms

Große Sprüche, wieder nur Widerspruch

FSC
www.fsc.org

MIX

Papier aus ver-
antwortungsvollen
Quellen
Paper from
responsible sources

FSC® C105338

ROLF FRIEDRICH SCHUETT

Verteidigung des Elfenbeinturms

Große Sprüche, wieder nur Widerspruch

Books on Demand

Bibliographische Information Der Deutschen Bibliothek:
Die Deutsche Bibliothek verzeichnet diese Publikation
in der Deutschen Nationalbibliographie; detaillierte
bibliographische Daten sind im Internet abrufbar über
http:// dnb.ddb.de

Copyright © 2017 Rolf Friedrich Schuett

2. erweiterte Auflage

Herstellung und Verlag :
BoD – Books on Demand, Norderstedt

Gedruckt auf alterungsbeständigem Papier
(holz- und säurefrei)

Umschlaggestaltung : E. L. Schmidt

Printed in Germany

ISBN 978-3-7448-3934-1

INHALT

für Elke

Dynamik ohne Dynamit
Reflexions- und Meditationsaphoristik

„Was er zu sagen hat, hat keine Eile. Er lässt sich Zeit
und sagt´s in einer Zeile." *(Erich Kästner)*

„Machst du ein Sinngedicht : so lass es neu und klein,
Fein stachlicht, honigsüß: kurz, Bienen ähnlich sein."
(Gottsched, 1751)

„In ein großes Verhältnis, so fand ich oft, ist die Einsicht
Leicht, das Kleinliche ist´s, was sich mit Mühe begreift."
(H. von Kleist à l´Adorno)

„Durch so große Kürze glaubst du dich völlig gesichert? -
Ach! Ich befürchte, du bist Vielen auch so noch zu lang."
(K. W. Ramler)

„Nur an gebildetem Stoff kannst du, Nachahmer, dich
bilden, / Selbst das Gebildete ist Stoff nur dem gebildeten
Geist." *(J. W. Goethe : Genialität, „Xenien" 1797)*

„Schreibend schreibt im Schreiben geschriebene
Schriften, der Schreiber." *(J. W. Voss)*

„Manches können wir nicht verstehn."
Lebt nur fort, es wird schon gehn." *(J. W. Goethe)*

„Fühlen und Denken, wenn man´s erwägt,
Sind der Blinde, der den Lahmen trägt."

„Sie sprechen mir von Gesinnung –
Sie meinen : ihre Innung." *(E. von Bauernfeld)*

Stirbt leichter, wer damit wenig verliert
oder viel?

Die bewiesene Unlösbarkeit eines Problems
ist ein noch größeres.

Arme haben die Güte zu haben,
Reichen die Güter zu lassen.

Manchmal wirkt Goethes Faust oberflächlicher
als sein pedantischer Famulus Wagner.

Geld duldet keinen antiautoritären Geist.

Die Zwangsvorstellung, keine zu haben
und frei zu sein, bringt die Freiheit,
zwischen Sachzwängen zu wählen.

Triff nur in das, was du zu schwarz gemalt hast!

Auch die Bosheit der Dummköpfe
nennt sich revolutionäre Energie.

Die Lüge, Wahrheiten anzunehmen,
ist die Wahrheit, die Lügen beweist.

Dummheit ist, sie nirgends zu sehen
oder überall.

Klein wirkt, was so tief unter dir ist
wie anderes zu hoch über dir.

Genies sind entweder verkannt oder vergessen.
Künstler schreiben lieber dilettantische Schiller-
Gedichte als meisterliche Simmel-Romane.

Hinabgestiegen, emporgefallen. Alles ist physisch, nur sein Zusammenhang metaphysisch.

Realität erkannte man an der Form des Romans über sie.

Gewaltfreie Kommunikation lässt sich nur mit Gewalt etablieren und sichern.

Früher und später ähneln sich so wenig, dass sie im selben Gesetz Ursache und Wirkung spielen.

Charakterlose Charakterdarsteller sind Künstler.

Philosophen interessieren sich für Philosophie, nicht mehr fürs große Ganze und seine ganz anderen Elemente.

Heuhaufen in Stecknadeln

Beschränktheit : unvollständige Unendlichkeit.

Erblickt das Zwielicht oder das Streiflicht
der Vernunft das Schlaglicht der Welt?

Je mehr der Markt sich globalisiert, desto mehr
tribalisiert sich das Interesse am Mitmenschen.

Aphorismen sind Prosasätze, doch in jedem
reimen sich Gegensätze.

Alles Käse, ein einziger Berg von Löchern!

Was du weißt oder nicht weißt, macht dich kalt.

Der größte Revolutionär ist der Despot,
der ihn erzeugt und eher erzwingt als bezwingt.

Bretter, die eine Welt bedeuten:
Skier, Bühnen und vor skizoophrenen Köpfen.

Mein Leben ist ein Roman
und passt in einen Aphorismus.

Romane sind verkappte Autobiographien,
und Autobiographien sind Romane.

Türmt vorm Wachturm zu Babel
und stürme in Elfenbeintürme!

Freie Gesellschaft der Freigeister:
selbstverwaltetes Irrenhaus.

Freie Gewerkschaften bestreiken wilde Streiks lieber als den totalen Arbeitsfrieden.

Ob man einander den Besitz oder die Freiheit neidet, unterscheidet Leute auch.

Informieren deformiert. Unverwirklichte Ideen machen manches Reale idealer.

Die Zeit flieht ewig vorm Zeitlosen.

Democracy democrazy. Macht nur die eine Einsicht diverse Ansichten und Absichten wahr?

Mit freier Luft kommt noch kein Licht der Welt in offene Fenster, mit dem Licht der Vernunft noch keine frische Luft durch geschlossene.

Widersprüche, wieder nichts als große Sprüche
Mücken und Mucken der Mucker

Schwimmt gegen den Strom
und verfehlt das Meer!

Dimensionen. Man spricht kurz und gut von
hohen und lang und breit von niederen Dingen.

Eher sind Meister aus allen Wolken auf den
Kopf gefallen als Untiefen ans Licht gekommen

Wer sich geistiges Eigentum zu eigen macht,
bricht kein Urheberrecht.

Wer ein besserer Mensch werden will,
scheut oft nur den Wettkampf.

Wer sich keine Grube gräbt, fällt auch herein.

Gewinn kostet Verlustangst.

Führt kein Leben, das in Romanen steht!

Vor allem vergisst der Greis, wie vergesslich er schon als Kind war.

Das Leben hat den Sinn, dass der Sinn kein Leben hat : Der Sinn des Lebens ist leblos.

Der eine Fuß geht, der andere steht, die eine Hand fasst, die andere wäscht, das eine Ohr hört, das zweite schlackert, die eine Niere trinkt, die zweite pisst, das erste Auge sieht dich, das zweite sieht sich.

Es ist nicht alles Gold, was schweigt, und nicht
alles zu versilbern, was geredet wird.

Zu früh stirbt, wer zu spät tötet.

Im Alter noch blutjung ist nur,
wer in der Jugend schon altklug war.

Sind Schicksal und Justitia blinder als wir?

Was Jugend und Leben nicht geben,
können Tod und Alter nicht nehmen.

Denke nach als Greis, dann handle als Kind!

Ich komme oft zu mir und erkenne mich nicht.

Auferstehen kann nur, wer den Sterbenden nur
schauspielerte.

Der erste Revolutionär der Menschheit entriss
dem Pharao das Unsterblichkeitsprivileg.

Mit mir ist jeder allein und keiner zu zwei´n:
Ich bin eine Null.

Großes trifft man schwerlich,
dann aber viel leichter.

Keinem scheint denkbar,
dass für ihn nichts undenkbar ist.

Unendlichkeit gibt es am Ende auch bei be-
schränkten Leuten : es gibt unbeschränkt viele.

Geduld hab ich mit meiner Ungeduld
und keine mit eurer Geduld nur.

Wer Abwesende rügt, rühmt nur Anwesende.

Nicht nur leere Tasche wirkt schwerer als volle.

Mittelmäßig ist im Leben gut,
in Künsten schon schlecht.

Der Teufel und der liebe Gott
brauchen gewiss kein Gewissen.

Sagt der Lügner, er sei einer, ist er keiner.

Schmierpapier ist ungeduldiger als Klopapier.

„Wir müssen wissen, ob wir Roboter 7.0 wollen." „Ich will die nicht." „Also kommen sie."

Nicht täglich Brot ist unsere geistige Nahrung,
sondern ungemahlenes Getreide.

Du schreibst, was dich schmerzt;
uns schmerzt, was du schreibst.

Wer neu ist in der Kunst, macht alles neu nur,
Altes im Kopfstand.

Ein Herr tut alles, um nichts tun zu müssen,
als sich alles zu leisten, um nichts zu leisten.

Mann und Frau verstecken sich voreinander
unter einer Decke.

Geh zu weit, dann geh ich weit genug.

Zeig deinen freien guten Unwillen, so Gott will!

Regen vom Himmel löscht kein Höllenfeuer.

Das Schicksal spielt nur mit dem Spiel,
das man mit ihm treibt.

Lasst sein, was zu schaffen,
lasst sein, was Gott schuf!

Liebe (nicht den Wein in) deinen Nächsten!

Abgebranntes löscht man nicht feuersbrünstig.

An einem Buch kritisierst du am leichtesten,
was dich kritisiert.

Wenig reden vom Vielversprechenden,
alles sagen vom Nichtssagenden, heißt Kritik.

Das Schwerste in der Kunst ist heute,
keine *Jahrhundertwerke* zu schaffen.

Ave, Eva, Beyschlaff. Den Verstand, den man
über nichts verliert, hat man schon verloren.

Treue Menschen sucht man rastlos
von einem zum andern.

Kultiviert wirkt, wer seine Kraft zum Verzicht
(oder Aufschub) mehr genießt als den Genuss.

„Für einen Moment ist jeder Satz wahr … Die Welt
besteht aber aus zweiten Sätzen." „Vergebliche Bitte.
Von Aphorismen bitten wir abzusehen."
(*Harald Hartung*: „Der Tag vor dem Abend", 2012)

Im Tod ruht aus von aller Not,
die ihr selber schuft!

Die beste Ware verhöhnt ihre dummen Käufer.

Werden schon starke Böse bestraft,
wird kein schwacher Guter verschont.

Gott schuf aus dem Nichts eine Welt von Staub
zu Staub. Und das All war wüst und leer
wie der Kopf des Tropf ohne Zopf.

Etwas ist der immer selbe Grund von etwas
ganz anderem, die Ursache seines Gegenteils.

Narrenfreie *Koans* ohne Zen

Alter und Tod rauben weniger, was man hatte,
als was man hätte haben können.

Aufschrift oder Inschrift? Schreib den Satz
lieber auf sein Objekt als in dein Buch!

Lasst uns taubstumm schweigen, lasst nicht nur
den Gallenstein der Weisen sprechen!

Früheres ist die Ursache von Späterem
oder Künftiges der Grund von Vergangenem –
zeitloses Gesetz des Einstigen.

Wer es auf den sprengenden Punkt bringt,
treibt Spitzfindigkeit noch nicht auf die Spitze.

Sokrates? Ist Tugend nur Wissen, dann war sein
bewusstes Unwissen nur unbewusstes Laster.

Nach der Entbindung ist der Mutter leichter
und dem Kinde schwerer.

Irren ist menschlich? Dann ist Wahrheit
mit Nietzsche als unmenschlich zu bekämpfen.

Jedes Umweltbild gesteht privatissimum,
kein privates Geständnis sein zu wollen.

Die nicht mehr schuften müssten, würden sich
niemals Künsten und Wissenschaften widmen.
Also sollen sie weiter für Tand schuften.

Beginnen heißt beschlossen sein,
und nur Beschriftete schreiben sich fort.

Dasein : An Entbindungen gebundene Freiheit
zwischen lebensgefährlicher Geburt
und belebender Todesangst.

Bevor du dich und uns misszuverstehen
beginnst, bist du längst durchverstanden.

Kein Muttersöhnchen zu bleiben, half dem
Knaben in Jerusalem sein leiblicher Vater im
Geiste, in Athen ein väterlicher Freund im Bett.

Die Hebamme Sokrates zog Kopfgeburten nur
als Tot- und Missgeburten ans Licht der Welt –
auch bei sich selbst?

Platons Höchstkultur „Atlantis" wurde von den
Göttern mit Untergang gestraft : für Menschen-
opfer, die es überall gab, oder für himmelschrei-
ende Weltmeisterschaft in Sklavenwirtschaft?

Hebamme wurde die Griechin erst nach dem gebärfähigen Alter, Phainarete wie lange nach der Geburt ihres maieutischen Sohnes Sokrates?

Hast du gehört : Gehört dir, was zu dir gehört, oder gehört sich das nicht?

Die richtige Richtung richtet sich nie nach dir und schlägt dich ein.

Mancher Holzkopf räumt mit eisernem Willen alles aus dem Holzweg.

Der blutjüngsten Zukunftsmusik fehlt nichts als die grabsteinalte Vergangenheitsperspektive.

Sucht eure Wurzeln auf absteigenden Ästen!

Spaß am Leben ist alles, was den Ernstfall nur
probt und aus heiterer Hölle in Helle trifft.

Arme greifen nach den Sternen,
Reiche nur nach Weltreichen.

Auch Aphoristiker schinden (uns zwischen den)
Zeilen, die wir schreiben und sie lesen.

Dein Wort ist noch kein Satz, mein Schatz.
Ich mache manches, doch nicht meine Worte.

Taubstumme können weder schweigen
noch Bohnen in den Ohren haben.

Das Volk besteht aus Analphatieren
ohne Omega-Fitsäuren.

Denker sind so frei, fesselnde Ideen zu haben.

Mit Verkleidungen legt man die Zwangsjacke
der nackten Wahrheit ab.

Büßen BILD und Fernsehbilder die Bildungs-
lücken zwischen den Denkpausen?

Ein meinungsstarker Satz endet
mit einem springenden Knackpunkt
oder einem sprengenden Schwachpunkt.

Lebendiges Sendungsbewusstsein geht heute
bewusst live auf Sendung.

Die Welt ist alles, was dir ins Widerwort fällt
und deine Interpretationen mehr interpretiert
als ihre eigenen Urtexte.

Wahrheit : Realitätsplagiat.

Seine Daseinsberechtigungsnachweise
sind die weisesten Gottesbeweise.

Wann vermodern endlich die Postmoden?

Erlaubt ist nur, was missfällt, und umgekehrt.

Geistesblitze donnern uns an, aber blitzen ab.

Geisteskrank ist,
wer noch nach niemandem ganz verrückt war.

Gruppen werden leider Truppen,
goldwerte Herden an eigenen Herden.

Bleibt nicht auf der Strecke:
der Abweg ist das Endziel.

Wer die ewige Ruhe hat, hat sich oft zu weit
aus dem Zeitfenster gelehnt.

Jede Lebensgeschichte ist die Evolution
vom Menschenkind zum Hominiden.

Es kömmt darauf an, das Klima nicht nachhaltig
zu interpretieren, sondern zu erwärmen.

Aphoristiker haben nur Sockenschüsschen, und
ihr Aberwitz antwortet eurem irren Gelächter.

Geist braucht Fernlenkwaffen,
da er keine Truppen hat.

Erst das Alter lacht über die komische Jugend.

Kopfballer : verspielte Fußballspielverderber.

Wo bleibt bei aller höchsten Kulturförderung
die Hochkulturforderung?

Randständiger Aphorismus : *Microhard.*

Der Grabstein der Weisen fällt stets von
irgendwelchen Herzen auf irgendwelche Füße.

Enthüllungen sind der beste Schleier
überm Allzubekannten und Unbekannten.

Verschweigen belebt Diskussionen am besten.

Wer einen Vogel hat,
hat auch Vogelschwarmintelligenz.

Jeder Tropfen auf dem heißen Stein der Weisen
trägt bei zum Nebel im Leben.

Man hat es in der Hand,
sie frei zu haben für die andere.

Ausgerechnet außerordentliche Ideen sollen
gefährlichste Erfahrungen ungefähr ordnen.

Gedankengänge stehen oft auf fremden Beinen,
die auch nicht auf eigenen Füßen stehen.

Lebensarbeit schaut dem geschenkten Lebens-
gaul ins Maul und sieht nichts – als Eseleien.

Erfahrung : Die Fahrt ins Himmelblaue trifft auch ins zu schwarz gemalte Rabenschwarze.

Ausgekochte sind ungenießbar, doch du riechst den Braten, wie du gebacken bist.

Leib und Seele sind getrennt, seit unser Geist nicht jedes Mal zusammen mit dem Körper getroffen sein will.

Der eine sagt gern, was er nicht weiß, der andere hört gern, was er schon weiß.

Der Mächtige kann sich die Augen aussuchen, die ihn abschätzen.

Man hat Luftwurzeln und fliegt unterirdisch.

Die Welt flieht vor dem Wort,
das hinter ihr her ist. (Auch vorm Wert.)

Je kürzer die Aphorismen werden,
desto dicker die Aphorismenbände.

Wenn das Glück immer Pech hat,
hat das Pech wenigstens mal Glück.

Neue Erfahrungen machen alte Leute
vor allem im Krankenhaus.

Manche Langeweile besteht aus
hundert lustigen Miszellen.

Bist du die Ursache, dass auch einmal etwas
ohne Ursache passiert?

Kleingeld für Miszellen und Prosa-Epigramme

„Sollte Larochefoucauld heute irgendwo auftreten,
würden sich die Menschen mitten im Satz von ihm
abwenden und gähnen." *(Saul Bellow, 1974)*

"Religionsphilosophie ist Metatheorie und Fundament
der Philosophie in einem." *(Kurt Wuchterl, 1989)*

Ich bin ganz offen : Ich bin nicht offen – für
Hülle und Fülle und geschlossene Gesellschaft.

Von 8 zu 80 Jahren : nur eine Null mehr!

Wer´s Denken vergisst, war immer dement.

Was dir widersteht, steht dir nicht immer bei.

Du sollst nicht sagen: „Du sollst nicht …!"

Ich bin kein Philosoph.
Also sind nicht alle Irren Denker.

Warum ist Logik notwendiger als die Welt,
die ja auch immer ganz anders sein könnte?

Das Wort „Kirche" im Titel
halbiert die Verkaufszahlen.

Gab es je Klassenkampf zwischen den in leib-
lichen und in geistigen Kindern Überlebenden?

Der Alte fällt um am Verfall,
der Junge am Unfall?

Einer von euch Alten bin ich weniger
als noch ganz der Alte.

Unverbundene Sprüche? Verbindlichsten Dank
für unverbindliche Zusagen!

Die Gattung beginnt, wo die Begattung endet,
und der Gattungsbegriff mit dem Begattungsakt

Arnold Metzger. Alles geht in seinem Inbegriff
so *zu(m) Grunde* wie jeder im Tode.

Erst frisst jeder so viel Welt, wie er kann, dann
frisst der Rest der Welt den Vollgefressenen.

Mit Heidegger bangst du um Angst. Manchem
ist bang zu Mute, er hat Kleinmut der Furcht.

Diese Bruchstücke sind weder Kunststücke
noch Grundstücke oder gar Abgrundstücke.

Gedankengang im Ruhestand :
Ideen im Schaufenster
Plaquette für verwandte Geister

Nichts wird so bleiben, wie es jemals sein wird.

Das Leben ist selten sinnlos,
doch sein Sinn meist leblos.

Die Gatten sind tot, es lebe die Gattung
und ewig der Gattungsbegriff!

Einst wollte jeder ein anständiger Normalo,
heute will er ein originelles Schlitzohr sein.

Genie des Ingenieurs : *Konstruktive Kritik* oder
destruktive Funktion des Konstruktivismus?

Sind Massenmörder unsterblicher als Genies?

Bebildern die Konstruktivisten nur *Max Webers* „stählernes Gehäuse" der rationalisierten Welt?

Die Zeit zerschlägt dein Werk. Die Trümmer überdauern alles – als Bausteine für einst.

Existiert ein Ich, wenn kein Nicht-Ich existiert; gibt es ein Nicht-Ich, wenn ich nicht existiere?

Widerstand gegen Bosheit macht böser, doch Widerstand gegen Gutes nicht besser.

Existenzphilosophie. Vorbeugend Atombomben wollte Jaspers auf die „gelbe Gefahr" werfen, Sartre auf amerikanische Pazifikbasen, doch nur „*Schwarze Hefte*" waren Heidegger zuhanden.

Selbstessen macht fett. Egoismus hebt sich auf.

Auf Schulen sollst du die Dummheiten
verlernen, die dich das Leben lehrte.

Wird Huntingtons „Kampf der Kulturen"
vom unchristlichen Westen nicht geführt?

Man wird bald jede Vergangenheit weissagen
und hat längst alle Utopien un(ter)verwirklicht.

Feste Grundsätze: Bodensätze von Niederlagen.

Anything goes, and nothing comes.

Entlastungen können lästiger fallen.

Besser ist Vertrauen auf Kontrolle der Lenins.

Ein Dichter dreht ganz normal durch,
wenn er nicht verrückt genug spielen darf.

Divide et impera: Feile und verherrliche den Satz!

Sartre : Der Mensch ist zur Unfreiheit begnadigt
oder begnadet.

Kein Kapital hat so viele Sozialisten vernichtet
wie der Sozialismus.

Aktionär : Produktionsschlachtenbummler.

„Harry Potter" ist der „Faust" der Popliteratur.

Das Recht richtet (hin) ohne Ansehen der von ihm berechtigten und berichtigten Person.

Erst übt man Gerechtigkeit,
dann bemeistert man sie.

Taktik oder Strategie? Getrennt geschlagen und vereint marschiert werden.

Rechtsaußen : barb*arisch* solid*arisierte* Prolet-*arier.*

Sozialismus war allzumenschliches Antlitz mit Stalinismus, Liberalismus Kapitalversprechen mit menschenleerer Visage.

Der goldene Mittelweg tut das Richtige,
ohne das Falsche zu lassen.

Integriert wird heute unter Ausschluss des Vor-
rechtsweges.

Jeder arbeitet für sein Gemeinwohl,
die Allgemeinheit kämpft für ihren Egoismus.

Wer ein Herz für Herzlose hat,
hat meist auch Kehlköpfchen.

Fernsehanstalten unterbrechen Werbeblöcke
zu häufig durch Blockbuster.

Die Allgemeinheit ist stets absonderlich und das
zweifelhafte Individuum gemein(gefährlich).

Kultur : Nichts mehr in Hochdeutsch nieder-
schreiben, alles in Plattdeutsch aufschreien!

Freiheit ist immer auch Befreiung des anders
als Denkenden.

Komponisten werden nie
oder mit *einem* Schlager bekannt (mit sich).

Flüssig geschriebene Aphorismen sind Hagel-
körner, die in der Luft tauen und nicht wehtun.

Hegels „Logik" ist ein einziger geistreicher
Aphorismus aus allen denkbaren Aphorismen.

Sprichwörter : quarkgewordene Kondens- und
Konsensmilch der sündfrommen Denkungsart.

Bücher wollen gründlich un(t)ergründlich sein
oder abgrundverkehrt mit uns verkehren.

Gerade Tat-Sachen sind bodenlos.

Menschenrechte wurden rechte Juristenrechte.

Gedanken sind Pannen der Ideenindustrie.

Dein Leid tut dir mehr Leid und leid als mir.

Manche Aphoristiker feilen an Schlüsseln
zu Freiluftschlössern.

Kunst schwankt zwischen Täuschung, die nicht
enttäuscht, und vorgetäuschter Enttäuschung.

Kritiker heute gehen mit der Kopflosigkeit
durch die Wandlosigkeit offener Türen.

Cogito, ergo gloriosum.

Zuviel moderne Kunst ist beschränkt,
weil sie an zu wenig Schranken hochwächst.

Flasche zu Tasche, Fein*staub zu Staub*sauger!

Romane machen dick, Aphorismen schlank.

Demokratien fordern geradlinige Linienuntreue.

Gute hermetische Dichtung ist hermeneutisch
gut abgedichtet.

Christos, chrestos? Das Außerordentliche
erreicht nie ein ordentliches Chaos.

Die Mitwelt ist alles, was der Sonderfall
aus allen Wolken statt vom Himmel ist.

„Erkenne dich selbst" als einen allen außer dir
Bekannten.

Innere Leere zieht sich ins Getümmel zurück,
doch geh aus dir heraus in die Einsamkeit!

Originell ist nur noch das Original, universal
das Unikat und multiversell ein Unikum.

Die Art, wie postmoderne Pop-Art mir mißfällt,
gefällt mir und euch besonders.

Wer wird denn fixer fertig mit unverfertigten
Kunstwerken, die fix und fertig machen wollen?

Maler drücken Gedanken aus – Farbtuben.

Der Mensch ist nicht mehr (als) das Untier,
das mehr als ein Menschenaffe werden will.

„Sozialneid“ verhindert Revolutionen
besser als Religion.

Himmelfahrt : Auferstehung der Entgeisterung?

Die beste aller möglichen Welten hält sich
stets für die bestialischste, und umgekehrt.

In dubio pro meo, pro re et prodeo.

Apokalyptiker von 1200 : Utopisten von 2100.

Herrschaftsfreie Kommunikation : Freiheit von
Herrschaften ist Freiheit zur Herrschaft.

Marx hat die Welt nur verändert, indem man
ihn immer nur verschieden interpretierte.

Mir fallen ganze Gedankengebäude ein,
und die Trümmerstücke liegen hier herum.

Wittgenstein? Das Mystische ist das, was sich
nie zeigt, weil es immer ganz klar aussagbar ist.

Bediene dich deiner eigenen Gefühle, doch
lass dich von deinem Verstand beherrschen.

Hat das *animal rationale* mehr unvernünftige
Begabungen oder unbegabte Vernunft?

Der *Baum der Erkenntnis* wird nicht mehr für Bücher gefällt und trug mal Gottes Reichsapfel.

Im Grunde ist nur, was mal im freien Fall war.

Was zu lange währt, wird endlos Tunichtgut. Was länger währt, wird endlich ehrlich verehrt.

Was vermag Vernunft gegen Rationalisierung?

Die einen Denker hatten immer nur *das Eine* im Kopf, die anderen auch mal *das ganz Andere*.

Das Leben ist nicht zu kurz für Langeweile.

Macht euch nicht vor, hinter Fakten sei nichts!

Wer ist wirklich gläubig? Ich glaube wenigstens, dass man gar nichts mehr glauben kann.

Hätte man Gott aus dem Nichts erfunden,
hätte er daraus keine (bessere) Welt erschaffen.

Mancher glaubt nachgedacht zu haben,
weil er nicht und mit nichts gehandelt hat.

Der Mensch entpuppt sich gern als Verwickler
und verstrickt sich in Entfaltungen.

Viel isst er. Der Bücherwurm ist Bibliophilister
und ein Buddhist ihm zu pessimystisch.

Philosophen haben einander immer nur verändert, es kömmt aber darauf an nachzudenken.

Man guckt nur dumm aus der Gehirnwäsche.

Um zu denken, genügt es nicht, nichts zu tun.

Genug geredet : Von Haar- zu Schädelspaltern.

Liebe deinen Nächsten, liebe deine Feinde:
also liebe deine Brüder!

Unterleib findet Oberstübchen oberflächlich.

Ist unser Leben ein Geschenk an Geliebte,
eine Belohnung für Verdiente oder nur
Bewährungsstrafe für Todeskandidaten?

Auch Stolz nimmt jeden Nebenbeifall gern mit.

Auch Übermenschen leben unter einer Sonne,
auch *vor* dem Mond leben Zurückgebliebene.

Die Frau will kein Rippenbekenntnis mehr sein.

Du lebst von der Luft, die wir für dich sind.

Man bereichert sich an deinem Sozialneid.

Ärzte leben theoretisch in der heilen Praxiswelt.

Schönheit ist der Makel am Hassenswerten.

Der Erstbeste hat Minderwertigkeitskomplexe,
der Zweitklasse schon Größenwahn.

Arbeiter aller Länder, diktiert in Vatersprache,
schreibt Geschichte zwischen gelesenen Zeilen!

Utopien werden die gute alte Zeit sein,
als die Vorzeit noch ungewisse Zukunft hatte.

Alles ist doch wenigstens so gut,
dass es uns eines Besseren belehren kann.

Ruhe war immer die beste Medizin.
Häufigste Nebenwirkung : Unruhe.

Wir nehmen alles für gegeben und bekommen
alles für genommen.

Dass der Aphorismus nur eine Halb- oder
Anderthalbwahrheit sei, ist selbst eine solche.

Unersetzlicher Verlust ersetzt einen anderen.

In besten Köpfen nisten die dümmsten Ideen.

Als Laster missfällt, was nicht mehr lästig fällt.

Gewissen : Frühwarnanlage der Unwissenden.

Sinnhülle und -fülle ist oft Gedankenleere.

Einmalig macht dich nur,
was andere niemals machen würden.

Wölfe, Schafe, Esel, Kamele, Schweinehunde
und Rindviecher haben keine Menschenrechte.

Schützen mehr Gehirnwindungen vor Einfalt?

Sucht nach heiler Umwelt scheint unheilbar.

Dass man nie raus kann, will doch mal raus.

Am Leben redet, schweigt, handelt man vorbei.

Aufrechter Gedankengang? Niederschmetternd!

Du hasst dein schlechtes Gewissen,
weil es dich hasst.

Lautstarke Minderheiten bringen die Mehrheit
zum unberedten Schweigen.

Krieg den Palästen, Friede den Luftschlössern!

Rousseau 2000 : Zurück zur zerstörten Kultur!

Aufreizender Stumpfsinn ist die Arche Noah
der Reizüberflutung.

Eiserner Wille liegt oder legt gern in Ketten.

Naturgesetze: Forschers Ursachzwangsneurosen

Man setzt oft seine ganze Hoffnung
auf Verzweiflungstaten.

Wissen ist nicht Macht über Mitwisser.

Aus dem Blickwinkel
des Schlupfwinkeladvokaten
Denkbilder – Dialektik im Ruhestand?

Ferdydurke. Witold Gombrowicz verriet das
Geheimnis des Existenzialismus *avant la lettre*:
das Recht auf lebenslange vorpubertäre Unreife.

Erst denken, dann handeln, oder von der Praxis
der Jungen zur Theorie der Alten?

Ist der Greis im Leben so *mikrologisch*
verzettelt wie der Aphorismus in der Kunst?

Sicht frei! Besteigt Berge nur, wer hinter sie
kommen will, wenn sie nicht zu umgehen sind?

Der verknöcherte Alte sieht in jedem Kopf
schon den Totenschädel grinsen.

Handelt das Widersprechen
von oder mit Zuwiderhandeln?

Ein Aufsatz verbindet tausend Sätze,
in die ein Aphorismenband zerfällt.

Die Summe seiner Widersprüche ist mehr
als ein ganzes Aphorismenbändchen.

Der Aphorismus trifft ins Schwarze
unter Fingernägeln oder weißen Westen.

Menschliches Dasein ist eher für Wegsein
oder Dagegensein da als für Damalssein.

Dass alles ganz verlogen ist, das kann dann
auch nicht ganz wahr sein.

Unschuld zu beichten, kann peinlicher sein,
als mit Sünden zu protzen.

Das beste Tun war immer das Ruhn und Lassen.

Das letzte Wort behält nicht mal die Nachwelt
der Nachwelt, sondern der erste Vorfahr.

Selbstbestimmung wehrt sich gegen
Stimmungen, Fortpflanzung und Ableben.

Endgültig gescheitert : anfangsgültig gescheiter.

Ein Bild, das dich gar nicht trifft, trifft ins Herz.

Das Ende hat ein endlos längeres Warten.

Man hofft auf schönere Vergangenheit
und erinnert sich an alle Zukunftsängste.

Waffenhändler verhalten sich zu Kampfhand-
lungen wie Buchhändler zu Abhandlungen.

Im Alter schmeckt noch alles
und schreckt nichts mehr, oder umgekehrt.

Wer wäre für ewiges Leben (geist)reich genug?
Es reicht nicht mal für a bissel Gelebsel.

Lüge behält die Wahrheit und Aufrichtigkeit
ihre Verlogenheit für sich.

Mit seiner Durchschnittlichkeit macht man
mehr als einschneidende Erfahrung.

Aufrechter Schulgang soll mir keine Lehre sein.

Für andere durchs Feuer zu gehen, löscht es.

Bei dir bin ich ganz bei mir, also ungeliebt.

Träume sind feigen Leuten die Feigenblätter
der nackten Tatsachen.

Zu wenig Glück gehabt? Oder zu wenig Pech
verhütet?

Wer etwas unternimmt und sich übernimmt wie
ein Unternehmen, ist noch kein Unternehmer.

Angriffe abfangen heißt schon Kriege anfangen.

Empathie muss sich aus anderen auch wieder
hinausversetzen und rausfühlen können.

Zivilisation macht das Leben leichter und
das Leiden schwerer, Kultur eher umgekehrt.

Künstler arbeiten an deinen Gefühlen,
bis du ihre Arbeit nicht mehr fühlst.

Frauen kommen nicht zur Welt,
zu der sie bringen – schrei(b)en sie.

Wie lange haben Frauen Pech mit Männern,
die Glück bei ihnen haben, und umgekehrt?

Macht Enttäuschung mit mehr Realität bekannt
als die Täuschung?

Gott kannst du Sünder nimmer fassen,
weil er dich immer schon gefasst hat.

Wer leicht in die Luft geht, die er für andere ist,
wird noch kein Leichtgewicht.

Der Geist macht nicht das Wahre zur Ware,
sondern schlechte Waren zu guten Geistern.

Man macht sich nicht liebend gern Feinde,
um sie und ihre Stärken zu lieben,
aber Freunde, um ihre Stärken zu hassen.

Verantwortliche fragen mit fertigen Antworten
nach dummen Fragen.

Glaube weiter, als du weißt, und du weißt mehr,
als du glaubst.

„ ... Gegenüber den etablierten Gattungen hat der Aphorismus den Vorteil der Narrenfreiheit. Wer nicht für vollgenommen wird, kann aus dem Vollen schöpfen. Dabei ist das Spielfeld für den Aphorismus erstaunlich groß: Es reicht vom Alltäglichen zum Philosophischen, vom Trivialen zum Poetischen, vom Verspielten zum Polemischen." *(Heimito Nollé, 2016)*

Hochmut lässt sich hochgemut demütigen.

Dass man auf Erden lebt, kommt vom Himmel, ob man in den Himmel kommt, von Erdenleben.

Ich lüge nie. Außer, wenn ich wahrsage.

Deine Selbsterkenntnis ist einfach das Gegenteil von dem, was andere von dir kennen.

Ihr seid das dummgewordene Salz der Erde. Ihr erhöht meinen Blutdruck.

Auf manche Gaben kannst du Gift nehmen.

Handlungen sind noch keine Wandlungen, doch
Tourismusbranchen handeln mit Wandeln.

Man führt ein Leben – ad absurdumm : Lebenslange Angst vor *einer* Todesstunde, vor stets
möglicher Unmöglichkeit jeder Möglichkeit.

Leben Vollweiber und ganze Kerle
nur in der besseren Halbwelt?

Gute Einfälle zerbrechen uns den Kopf,
und Bauchgefühle liegen schwer im Magen.

Viele werden zu alt, um es zu genießen. Man
vergreist immer später, aber umso plötzlicher.

Mein Albert albert nonsensibel herum

Ein moderner Christ ist lieber ein komischer
Heiliger als ein humorloser Sünder.

Nimmer und nicht ewig. Außerordentliches
leisten Chaoten nur in Komik und Kosmetik.

Dummköpfe gibt es eigentlich gar nicht.
Nur Neunmalkluge im Konkurrenzkampf.

Wahrheit ist etwas für Alzheimerkranke
und schlechte Lügner.

Parlamentssaal: Restaurant für Machthungrige.
Bibliotheken: Kneipen für Wissensdurstige und
Imbissbuden für Bildungshungrige.

Wer ist lieber ein Schwachkopf als kopflos?

Heidegger kompakt : Nichts auf der Welt ist gar nichts, sondern stets irgendwas, auch Nichtiges.

Eine Zuckerdose ist eine Dose aus Zucker.
Inhalt : Luft oder Blech.

Nichts ist so streng vertraulich, dass es durch Veröffentlichung nicht noch vertrauter würde.

Ich bin so helle, dass ich alles schwarzweiß.

Liebe d(ein)en Affen wie dich selbst!

Der Schnellste wird auch vom Glück verfolgt.

Das Herz macht Beziehungskisten zu Rumpel-
kisten und den Brustkasten zum Rumpelkasten.
Utopie : Soziale Kasten in den Rumpelkasten!

Nihilisten kann man nicht mehr als das Weltall
bieten, und *Holisten* nehmen und denken sich
nie bloß ihr Teil.

Die Welt ist alles, was lieber ein freier als ein
hoffnungsloser Fall ist.

Ich gehe selten in mich. Dort ist niemand
und nirgends, dort bin ich nichts.

Die Zukunft wurde inzwischen so verändert,
dass sie nichts mehr verändern kann.

Körperschaften : Seelen- oder Geisterschaften?

Heidegger fürchtete das All, weil er mehr Angst
vor dem Nichts als vor gar nichts hatte.

Vom Nichts hat Heidegger „alles Gute" gesagt,
vom Weltall rein gar nichts.

Zum verstandesgemäßen Innenleben braucht es
mehr als etwas Bauchgefühl für Wunschdenken

Hat Vorurteile, wer sich und alles verurteilt?
Aber objektiv ist, wer Vorzüge nicht vorzieht.

Erkenne dich selbst? Sokrates wollte auch mit
voller Urteilskraft gar nichts von sich wissen.

Sich selbst erkennt jeder am besten daran,
dass er immer noch nicht ganz da ist.

Hinterher steht man immer dümmer da
und vorher schon als der Dumme.

Es ist schlimm, nicht weiter zu wissen,
aber schlimmer, enger als weit zu wissen.

Ein verstandesgemäßes Innenleben lebt über
seine Verhältnisse mit Mit- und Außenwelt.

Ein Aphoristiker weiß ja auch nicht,
wo es lang geht, aber wie es kürzer geht.

Ich billige nur, was mir teuer ist,
und was mir nicht liegt, lass ich liegen.

In manchem Viertel wohnt die halbe Halbwelt.
Jeder hat sich in Eigenliebe halb verdoppelt.

Rache ist nur noch „Stevia" gegen „Saccharin".

Lieber *Single* als unverheirateter Hagestolz!

Mancher will dich immer totlachen.

Du bist nie mit dir allein. Immer gegen dich.

Geld stinkt nicht : Parfüm fauler großer Fische.

Das Aufstehen morgens ist ein Aufstand eher gegen Schwermut als gegen die Schwerkraft.

Sprichwörter sind Schuldsprüche des Ältesten Gerichts. Aphoristiker legen Berufung ein.

Die Zehn Verbote werden Gebote genannt,
damit einem auch etwas geboten wird.

Dass der Existenzialist Sartre sein Leben immer
neu erfunden hat, hat er auch selbst erfunden.

Wer stets oder nie in junges Gemüse biss,
beißt auch alt ins Gras.

Was die Hochachtung betraf,
war sie im Brief immer vorzüglich.

Farbenblinde ähneln Tontauben, doch
Geschmack hat nur, wer mit spitzer Zunge
hört und sieht.

Nun mach mal einen überspringenden Doppel-
punkt hinter den entspringenden Wendepunkt!

Mein Wort will keine Leser verletzen,
sondern nur ihr dickes Fell zeigen.

Unbrauchbar schön oder unscheinbar nützlich
Lapidar in Nierenstein gemeißelt

*Aphorismen haben das Denken schon hinter sich,
Epigramme noch vor sich:*

Aufschriften auf Denkmälern, Inschriften auf Weih-
geschenken, Überschriften in Sinngedichten …

Lessing setzte auf den lateinischen Satiriker *Martial*,
Herder auf die idyllischere *Anthologia graeca*.

„argutia brevis et elegantia",
„sermo humilis et pedester", „brevis Satyra",
„kurtze spitzfindigkeit" *(Martin Opitz)*,
„dem Ernste die Anmut erteilen" *(G. E. Lessing)*,
„Spielmarken", „weder ganz falsche, noch ganz
echte Münzen" , „sinnreiche Kleinigkeit" *(Lessing)*,
„leichtfertige Brut im Neste zusammen" *(Goethe)*.

In Hüllsel und Füllsel, Accessoires und Indices,
Widerhaken, stichelnde Stachel, Schnippchenschlag,
Flickwörter und Mixedpickles, Zick-Zack-Flüge,
Malicen, Preziosa und Kuriosa …

Der sittliche Antrag

Personen
A : Arzt
M : Mann

A : Einen kleinen Moment noch. Bitte nehmen Sie
doch schon Platz, ich bin gleich fertig und ganz für
Sie da. Entspannen Sie sich.

PAUSE. LEISES GEKRITZEL.

A : So, das war´s. Na, mein Lieber, wo drückt uns
denn der Schuh, was kann ich für Sie tun?

M : Herr Doktor, ich bin am Ende.

A : Hmm.

M : Ich halte es nicht mehr aus, ich bin fertig,
ich kann nicht mehr.

A : Na ja, das ist ganz natürlich.

M : Wie?!

A : Ich meine, sonst wären Sie ja nicht hier, oder?
Der wievielte Antrag ist es denn?

M : Ich bin zum ersten Mal hier. Ich habe alle
vorgeschriebenen Beratungsstellen und Therapie-
angebote hinter mir.

A : Ich bin Ihr Vertrauensarzt. Das heißt,
wenn ich Ihnen helfen soll, müssen Sie Vertrauen zu
mir haben.

M : Aber das gehört ja gerade zu meiner Krankheit.

A : Was?

M : Dass ich zu nichts und niemanden Vertrauen
habe. Nicht einmal Selbstvertrauen.
Noch schlimmer kann es nicht werden.

A : Sie Optimist! Aber das kriegen wir schon wieder
hin, verlassen Sie sich darauf. Wir sind hier schon
mit ganz anderen Fällen fertiggeworden. –
Wie würden Sie denn Ihre vorherrschende Grund-
stimmung beschreiben?

M : Ich fühle mich dauernd so niedergeschlagen und
bedrückt, so hilflos und schwermütig, seit Jahren
schon. Ich kann mich auf nichts mehr konzentrieren,
habe keinen Appetit und zu nichts mehr Mut und
Lust.

A : Ja, und weiter?

M : Wenn ich morgens aufstehe, bricht mir schon
der Schweiß aus, und ich fliege am ganzen Körper.
Alles, was ich anfasse, fällt mir aus der Hand.
Es ist alles so sinnlos und leer und ausweglos.
Und dann noch diese Kopfschmerzen ...

A : Immer oder gelegentlich oder selten oder nie?

M : Immer.

A : Immer, wenn was?

M : Ich brauche keine Gründe mehr.
Ununterbrochene Kopfschmerzen.

A : Nun mal eins nach dein anderen. Da wollen wir
doch erst einmal etwas Ordnung in dieses Durchein-
ander bringen, was? Fühlen Sie sich im Leben denn
als Versager?

M : Ich habe nichts geschafft, was sich für mich
gelohnt hätte oder für andere von Bedeutung
gewesen wäre.

A : Haben Sie noch Umgang mit Menschen?
Verwandte, Bekannte?

M : Kein Interesse. Nicht einmal an mir selbst.

A : Was machen Sie denn überhaupt so zur Zeit?

M : Nichts.

A : Was heißt nichts? Schließlich leben Sie noch.
(LACHT)

M : Ich mache mir aus nichts mehr etwas.
Es ist alles zu viel.

A : Sind Sie häufig verletzt und gekränkt?

M : Solche Gefühle erlauben mir die Psycho-
pharmaka nicht mehr, die ich schlucken muss.

A : Also ein dickes Fell!

M : Es stimmt, was man sich draußen erzählt.

A : Was?

M : Dass Sie sich hier über Leute wie uns nur lustig
machen.

A : Der reinste Verfolgungswahn! Wie steht es denn
mit Ihrer körperlichen Gesundheit?

M : Neurovegetative Kreislauf-
Regulationsstörungen. Paroxysmale Tachykardie.
Ulcus ventriculi ...

A : Schon gut, schon gut. Haben Sie nun das Gefühl, dass Sie noch klar und folgerichtig denken können?

M : Ich leide an Diskordanzen, Aphasien, Glossolalie …

A : Sie kennen offenbar Ihre Gutachten auswendig. – Haben Sie zuweilen Angstzustände?

M : Klaustrophobie. Maligne Agoraphobie. Katatonischer Grand Mal ...

A : Großartig! Das reicht. Sie leben zurückgezogen?

M : Ich verlasse meine Wohnung nicht mehr. Aus Angst vor Panikanfällen. Nachbarskinder kaufen ein für mich.

A : Wie sind Sie denn hierhergekommen, mein Lieber? Da ging es plötzlich, was?!

M : Ich habe mich in narkotisiertem Zustand hierherfahren lassen.

A : Haben Sie für all Ihre Befunde amtsnervenärztliche Belege?

M : In dieser Mappe hier ist alles zusammengestellt, alle Gutachten.

A (LACHT : Alle Schlechtachten also.

Na, wir werden sehen. Sie werden dann von uns hören.

M : Ja, aber ... was gibt es denn da noch ... ich dachte, Sie ...

A : Ich kann doch dem Kommissionsurteil nicht vorgreifen.

M : Welche Kommission?! Die Qualität meiner Qualen ist getestet. Ich muss doch selbst am besten wissen, ob meine Lage unerträglich ...

A : Für Sie oder für uns?

M : Ich bin in dieser Gesellschaft überfordert, ich ...

A : Nicht sehr originell. Das sagen hier alle. So etwas langweilt die Hohe Kommission. Soll ich das wirklich schreiben? Bei der heutigen Inflation der Leiden? – Haben Sie Schulden, äh, ich meine Schuldgefühle?

M : Ich sehne mich danach, bestraft zu werden.

A : Schon brauchbarer. Glauben Sie, dass es besser wäre, wenn Sie nicht lebten? Für uns und für Sie selbst?

M : Bin ich gleich als Lebenskünstler eingestuft, wenn ich zu feige bin, mich umzubringen?

A : Sollen wir denn gleich die ganze Welt ändern,
nur damit eine Handvoll Leute wie Sie sich etwas
wohler fühlen? Ein bisschen egoistisch, nicht?

M : Ich gehöre also zu den Betriebsunkosten,
die in Kauf genommen werden? Mein Unglück
ist das kleinere Übel? ...

A : Was diskutiere ich hier mit Ihnen. Das alles
führt zu weit. Nächster Punkt des Anmeldebogens ...

M : Sie wollen uns das Leiden nur verleiden.

A : Sie pochen auf Ihre Atteste. Diese Atteste
weisen Sie als verrückt aus. Da liegt es in Ihrem
eigenen Interesse, wenn ich Sie nicht ernst nehme,
kapiert? Seien Sie kooperativ. Sie wollen doch
nicht, dass ich Sie normalschreibe, oder?

M : Wie beurteilen Sie also meine Aussichten?

A : Der amtliche Auswerteschlüssel,
der Ihren Gesellschaftsunfähigkeitsgrad ermittelt,
unterliegt ärztlicher Schweigepflicht.

M : Nur Ihren ganz persönlichen Eindruck. Bitte!

A : Na ja, es ist alles beisammen, was Ihren Antrag
auf Aberkennung der bürgerlichen Rechte und
Pflichten stützt. Der Leidensdruck ist allerdings
beeindruckend, der Vitalitätsindex liegt unterm

Existenzminimum . ..

M : Aber dann .. .

A : Aber ich vermisse eigentlich, na ja, Versuche,
Ihr Leben ...

M : Ich verstehe. Hier ist die Bescheinigung über
den letzten Selbstmordversuch.

A : Liegt schon etwas lange zurück, nicht wahr?
(LIEST MURMELND)
Hatte ich mir doch gedacht. Immer dasselbe.

M : Ich war bereits bewusstlos, als man mich fand.
Eine knappe Stunde später, und es wäre nichts mehr
zu machen gewesen.

A : Ja, eben. Hier steht, Sie hätten den Gashahn
erst aufgedreht eine halbe Stunde, bevor Ihre Auf-
wartefrau bei Ihnen einzutreffen pflegte. Mit deren
rechtzeitigem Eingreifen Sie doch wohl gerechnet
haben müssen.

M : Kurz: Sie halten mich für einen Simulanten
und Drückeberger.

A : Wenigstens haben Sie Ihrer Umwelt nicht die
Möglichkeit gelassen, Sie nicht zu retten. Sie haben
gehofft, wir schlössen Sie Armen doch noch in unsere Arme. Sie können froh sein, wenn Ihr Gesuch

nur abschlägig beschieden wird.

M : Wieso das?

A : Ziehen Sie Ihren Antrag schleunigst zurück,
ehe Sie ...

M : Ja?

A : Ehe Sie sich statt des Frührentenausweises eine
Strafanzeige einhandeln.

M : Ein Gerichtsverfahren?

A : Wegen versuchter Erschleichung
des Verzweifelten-Status.

M : Diesen Prozess will ich haben!

A : Das Urteil kann ich Ihnen prophezeien:
Strafeinstufung in die soziale Belastbarkeitsklasse 1.
Mit allen daraus erwachsenden Verpflichtungen.
An denen Sie nun wirklich zerbrechen würden,
falls ich Ihren Angaben .jetzt noch trauen soll,
guter Mann.

M : Aber es gibt doch das verfassungsmäßige Recht
...
A : ... der Lebensuntauglichen, vom Existenzkampf
freigestellt zu werden. Allerdings. Grundgesetz-
änderung vom 24. Dezember 2020.

M : Darin heißt es doch ganz klar ...

A : Dazu heißt es in einschlägigen Präzedenzurteilen eindeutig : Ein Freitodversuch mit dem erkennbaren Hintergedanken, sich retten zu lassen, um seine Lebensbedingungen zu erleichtern, beweist das genaue Gegenteil von dem, was der Antragsteller erreichen will. Kurz: Ihre Befähigung zur totalen Lebensunfähigkeit ist eher unzureichend.

M : Ich will ja nicht gleich zum Weltveränderungs-berechtigten erklärt werden.

A : Aber zum selbstmordunfähigen Pflegefall auf Lebenszeit!

M : Ich habe ein attestiertes manisch-depressives Leiden …

A : … an unserer germanisch-repressiven Gesell-schaft, ich weiß.

M : Gehört dieser Hohn noch zum Sensibilitätstest?

A : Ich bitte Sie, meine Geduld mit Ihnen zu würdigen. Ich wende mich an Sie von Mensch zu Mensch, aber Sie sprechen den Beamten in mir an. Schön, ganz wie Sie wollen. Ich wiederhole : Eine anlagebedingte Unverträglichkeit Ihrer Person mit unserer Welt lässt sich so nicht aktenkundig ma-chen. Es tut mir leid, dass Sie bisher umsonst leiden.

M : Aber was verlangen Sie denn eigentlich
von mir?

A : Ich? Nichts. Beweisen Sie, dass Sie es ernst
meinen, ohne Vorbehalt und Rückversicherung,
das ist alles.

M : Aber wodurch denn noch?!!

A : Nach dem letzten selbstvereitelten Selbst-
entleibungsversuch, lese ich hier, sind Sie zu
zehn Monaten Freiheitsstrafe verurteilt worden.
Das haben Sie abgebüßt und heil überstanden.
Ohne neue selbstgefährdende Handlungen.

M : Soll das ein Vorwurf sein?

A (SCHREIT) : Mann, das sind doch ganz massive
und unverschämte Erpressungsversuche, Sie, Sie ...

M : Ich verstehe nicht. Wirklich nicht.
Es tut mir leid.

A : Sie Mimose zwingen uns doch die Alternative
auf, Sie entweder in Watte zu verpacken oder ganz
einfach ermorden zu lassen!

M : Sie sind ja verrückt.
(SIEHT DEN ARZT AN WIE EINEN IRREN)

A : Sie verrechnen sich. Wir werden Sie weder
als unzurechnungsfähigen Parasiten durchfüttern,
noch uns an Ihnen die Hände schmutzig machen.

M (LAUT) : Aber was muss ich denn ...
Sagen Sie es mir doch ... Wodurch werde ich für Sie
denn glaubwürdig? Was ich auch tue, Sie lassen mir
ja gar keine ...

A : Wir bieten hier verhaltenstherapeutische Kurse
im Hause an.

M : Ich habe doch alle Therapien hinter mir.

A : Zum Abtrainieren hemmender Todesangst.
Diese Kurse sind kostenlos. Sie sagen ja gar nichts.

M (ERSTARRTES SCHWEIGEN,
ER HAT VERSTANDEN)

A : Geben Sie nicht auf, weiter aufzugeben.
Lassen Sie den Kopf tiefer hängen.
Vielleicht haben Sie das nächste Mal mehr Unglück.

Der Nächste bitte.

Lob des Altersstarrsinns

Seneszenz. Körperlicher Rückgang, biologischer Abbau, agitierte Passivität. Endphase von Abnutzung und Verschleiß, Schwächung, Schrumpfung, Verblödung, dementielle Immobilität und sklerotische Labilität. Inkontinenz, Impotenz, Sinnesschwächen. Schlaganfälle, Herzinfarkte, Krebstumore …

Das praktische Defizit der psychophysischen Defekte als theoretische Chance? Mit Genesis 25,8 und Hiob 42,17 *altersmild und lebenssatt* sterben? Altersweisheit als Jugendtorheit? Gewinnt das Alter durch leibliche Schwäche mehr Zeit für geistige Tatkraft? Sind Alter, Krankheit und Tod wirklich buddhistische „Götterboten", die zur Nachdenklichkeit anhalten, oder kann auf altersschwachem Körper nur ein Schwachkopf sitzen? Alter macht aus der Not eine eigene Tugend und zieht sich aus weltlichem Treiben zurück in gelehrte Einsiedelei, vom Materiellen ins Spirituelle? Beginnt schon Besinnung, wenn die Begierden nicht mehr frustriert werden, sondern langsam nachlassen? Warum also über die Beschwerden eines Hochalters jammern, das man lebenslang nur zu gern erreichen wollte?

Was ist schwerer zu ertragen, das Zurückliegen des Lebens oder das Bevorstehen des Ablebens? Endet die totale sozialstaatliche Alterssicherung in Ver(bl)ödung, Verknöcherung und Vereinsamung?

Zu bald zu alt : Der Alte als Geck, Geizhals oder Misanthrop? Heißt der Altersstarrsinn im Mannes-alter prinzipientreue Standfestigkeit und im Alter die Flexibilität der Jugend nur fixer Wankelmut? Ist Leichenstarre *(Rigor mortis)* Altersstarrsinn?

Warum sollte jemand zum Ende seines Lebens nicht klüger geworden sein als in allen Jahren davor, besonnener, distanzierter, ja, auf- und abgeklärter? Warum soll er bis zum letzten Atemzug auf ebenso rastloser wie vergeblicher Suche geblieben sein, voll ergebnisoffener Zweifel, volatil unsicherer Vorläufigkeiten und vitalistischer Unfertigkeiten? Eine Suche ist so wenig ein Wert an sich wie eine Richtung. Der Sinn einer Wegrichtung ist ein Ziel. Der Sinn des Suchens ist das schließliche Finden eines Gesuchten oder eines Ungesuchten und die Beruhigung eines endlosen Fragens in einer zu Recht zufriedenzustellenden Antwort.

Die gefundenen Resultate dürfen ja gern halboffen bleiben für mögliche Revisionen, Meliorisierungen und Irritationen, aber wenn keine triftigen Infrage-stellungen mehr auftauchen sollten, müssen sie nicht um ihrer selbst willen an den Haaren herbeigezogen werden, um einen Schein von ewiger Lebendigkeit aufrecht zu erhalten. Wer zum Beschluss seines Lebens ausreichend verlässliche und rational stets verfechtbare Geistespositionen errungen hat, darf guten intellektuellen Gewissens an ihnen festhalten, wenn weiter keine unvorhersehbar ernsten Gegenargumente sich mehr einstellen wollen. Nicht jede neumodische Quisquilie darf dann diese gewissenhafte Frucht lebenslanger Bemühungen mehr umstürzen können. Es müssen schon sehr gewichtige neue und bisher nie berücksichtigte Einwände sich anmelden, um noch einmal diesen schwierigen Prüfungsprozess füglich in Gang setzen zu dürfen. Warum soll der Altgewordene sich nicht ausruhen dürfen, weniger auf eitlen Lorbeeren als auf seinem abgesicherten Weltbild, seinen Grunderkenntnissen, (A-)Prioritäten, Normenkatalogen, Zwecksetzungen und verfeinerten Geschmacksurteilen? Wer nicht seine Fahne nach dem allerfrischesten Wind richtet, um mit den Jungen unreif zu bleiben, leidet noch nicht an Marasmus oder ist noch nicht scheintot.

Man hat sich dann von der Welt und seinem Leben nicht nur ein besonderes Bild gemacht, sondern auch einen allgemeinen Begriff, der mehr wert ist als dieses. *Cum grano salis* weiß man nun halbwegs, was von allem zu halten ist, wie es einzuordnen und zu bedienen ist, woher es kommt und worauf es hinausläuft, mit vorsichtigem geistigem Vorbehalt, aber ohne den zappligen Zickzackkurs der Jüngeren, ihre naive Dauersehnsucht, verabsolutierten Teilwahrheiten und voreiligen Etappenendgültigkeiten.

Die Chance des gelingenden Alters ist die belastbare *Theory of everything*, der kühle *view from nowhere* auf das Gestöber und Gemetzel um einen herum, über allen Perspektivwahrheiten und pragmatischen

Reduktionen. Das Alter wird „mikrologisch" und dogmatisch, der sturköpfige Kleinkrämer erwartet uns am Ende, heißt es. Starre Dogmen starrsinniger Greise. Nicht nur kirchliche Dogmen, Chesterton hat daran erinnert, sind aber keine verknöcherten Vorurteile, sondern eher leuchtend klar verdichtete Überzeugungen und Beweisgänge, komprimiert auf übersichtlich handliche Formeln. Dogmen sind doch wenigstens bestreitbar klar formuliert, anders als die heute gängigen, modisch windelweichen Meinungslaunen, anders als die schwammig laxe, *tolerante* Unfähigkeit, sich festzulegen und das Begründbare gut zu verteidigen gegen entschieden kompetente Angriffswellen. Ein Lehrer, der nicht dogmatisch ist, ist ein Lehrer, der nicht lehrt – lehrte Pater-Brown-Erfinder Gilbert Keith Chesterton.

Wollen nicht selbst forsche Forscher zu gesicherten Endergebnissen kommen, zu unerschütterlichen Erkenntnissen, zu haltbaren Theorien, ewig gültigen Gesetzen? Werden stets mit jungbewegten Mitteln nur greisenhafte Ziele angesteuert? Kommt mit dem Alter aus Ansichten und Absichten endlich die begründete Aussicht auf Einsicht und Übersicht? Der Greis liegt noch nicht, er steht wie eine Eins, geht langsam und gibt nicht jedem Windstoß nach.

Wie bleibt der (denk)würdige Greis so geschmeidig jung wie möglich, ohne gleich ein Narr zu werden? Emanuel Wertheimer schrieb : „Geist ist die Jugend des Alters." Also wäre ein Aphoristiker der ideale

Graukopf und umgekehrt ein menschenwürdiger
Greis der bessere Sprüchemacher am Ende?

Das Bonmot ist der Königsweg, dem Tod elegant
auszuweichen – für seine kurze Weile. Für Längeres
fehlt schon die Lebenszeit, aber auch die Geduld.
Um Aperçus zu finden, muss man genug wissen und
alt genug sein, doch nicht so alt, mit seiner *Altersweisheit* kein leichtbewegtes Spiel mehr zu treiben.
Wer anders als der Alte kann das sattsam Allzuge-
wisse und Vielgewendete noch einmal probeweise
wieder aufs Spiel setzen, übermütig leichtsinnig mit
den gesichertsten Beständen wie mit bunten Bällen
jonglieren, gleich einem Gaukler, und unerwartete
Funken aus ihnen schlagen, von überlegener Warte
eines Aussichtsturms aus. Eine Verbindung von
Biegsamkeit und Starrköpfigkeit macht das geistige
Tänzchen mit eigenen und fremden Festbegriffen
erst wirklich möglich, wenn genug inneres Spiel-
material und Glasperlenberge aufgehäuft sind und
konsolidiert in den endlosen Gängen der Privat-
archive lagern, bereit für die aberwitzigsten Quer-
kombinationen zwischen einander fernliegendsten
Teilbereichen. Der lebendigste Verkehr zwischen
den toten Speicherräumen des inneren Imperiums
kann beginnen, genug Masse ist endlich verfügbar,
sauber abgeheftet. Dieser tote Besitz erwacht zum
geistigen Leben und lädt Interessenten ein, sich am
Wechselspiel mit zu erfreuen. Alles ist schon fix
und fertig – zum letzten Spiel mit allem. Ist das der
mögliche Sinn eines langen Lebens oder Unsinn?

Gebrechlich, verbraucht, pflegebedürftig, intolerant, verhärmt, verbittert : eigenbrötlerische Sozialleiche? Jean Améry sah 1968 das totale Scheitern des Alters nur hinter Illusionen von *mauvaise foi* gut versteckt. Unentwegt Alterskreative seien nur Ausnahmen, die die schwarze Regel bestätigen: Resignation überlebe klarsichtig die Revolte. „Das Alter ist ein Massaker" *(Philip Roth)* und nicht nur ein „Gebirge" *(Martin Walser)*. Und Simone de Beauvoirs sozialistische Hoffnung auf „La viellesse" (1970) in Würde war ebenso trügerisch wie auf „Le deuxième sexe" (1949) ohne Kinder am Fließband.

„Im Alter ist Unabhängigkeit eine Art Sklaverei." *(Casanova, Memoiren 18)*

„Es ist immer erbaulich, sich zu überzeugen: dass im hohen Alter die verständige Vernunft, oder, wenn man will, der vernünftige Verstand sich als Stellvertreter der Sinne legitimieren darf." *(Goethe an Zelter, 16. 12. 1829)*

„Die Wissenschaft ist ein Produkt des gereiften Alters." *(Francesco de Sanctis)*

„Alte Leute haben keinen Respekt andern gegenüber, sie kennen das Leben." *(Johannes Bobrowski, Idylle)*

„Das Leben wird gegen Abend, wie die Träume gegen Morgen, immer klarer." *(Karl Julius Weber, Demokritos)*

„Das Alter macht nicht kindisch, wie man spricht, es findet uns nur noch als wahre Kinder." *(Goethe, Faust I)*

Der ontologische Beweis : *Jugendträumereien*

Alle Mynsters verstehen gegen Kierkegaard Einheit von Theorie und Praxis so, dass schon ihr Denken die Kompromisse schließt, die ihr Handeln ohnehin eingeht. Dieser Kompromiss ist dialektisch die Reinheit des Begriffs selbst, der, wo er nicht sich selbst widerspricht, schon dem entspricht, was seine rohe Botschaft in eins verspricht und verbietet : der "Realität". Vernunft hält ihr Versprechen, nicht hinzunehmen, was dem Hingehaltenen fehlt, für einen Sprachfehler, Bestandsaufnahme der *Hexis* für Praxis, die versteht, was entstanden, nicht, dass es abgestanden, unausstehlich ist. Kommt es hoch, beeilt sich der Gedanke, als Probehandlung alert seiner chronischen Unverwertbarkeit Abbitte zu tun, entschuldigt sich Gefühl seiner Ersatzhandlung, damit purer Wille um Willen seiner selbst und ellbogenfrei, zur Misshandlung ermutigt, das Thema Individuum nur in Sonderbehandlungen noch verhandelt wird. Scholastik konzipierte in Gott den *actus purus* ohne Möglichkeit, nicht oder anders zu sein, als was und dass er von Ewigkeit her notwendig ist.

Zwar ist die Kirche Kant gefolgt, seit sie aus der Unmöglichkeit von Gottesbeweisen Bedingung der Notwendigkeit des Glaubens herauslas. Ist es aber wahr, dass alle Beweise seiner Existenz aus dem Begriff vom *ens perfectissimum* und aus der

93

sonst unverständlichen Gegenwart dieser Idee in einem unvollkommenen Bewusstsein letztlich ontologische sind, dann haben sie den Platz wieder besetzt, den das Wissen für einen protestantischen Glauben gemacht zu haben glaubte. Denn dass das Existentialurteil über Gott ein analytisches ist, kam über die Totalisierung der Identitätsthese zur Theologie zurück. Da die hundert wirklichen Taler den hundert möglichen keinen hinzufügen, sind sie gleichwertig, wenn anders der Begriff nicht weniger ist als sein Objekt oder ein anderes begreift, als er vorgibt. Das logische Existentialurteil spezifiziert sich christologisch, sobald das *ens unum* aus eigenem Antrieb sich ab-ur-teilt, von sich ab- und austeilt, im Mittler aus sich heraussteht, "ek-sistiert" und nur dabei in sich ist, im Aus- und Abstand zu sich dem Verstand und sich selbst ein vernehmlicher, ein vernünftiger Gegenstand und „aus-stehlich" wird. Gott als Existenz des menschlichen Begriffs von ihm und Christus als "Ek-sistenz" des göttlichen Begriffs selber : Hegel insistierte darauf, dass ihre Identität allem trockenen Versichern zuwider noch ausstehe, die nur vorgestellte Gleichung unbeglichen sei.

"Ich frage euch, ist der Satz : dieses oder Jenes Ding (welches ich euch als möglich einräume, es mag sein, welches es wolle) existiert, ist, sage ich, dieser Satz ein analytischer oder synthetischer Satz? Wenn er das erstere ist, so tut ihr durch das Dasein des Dinges zu euren Gedanken von dem

Dinge nichts hinzu, aber alsdann müsste entweder der Gedanke, der in euch ist, das Ding selber sein, oder ihr habt ein Dasein, als zur Möglichkeit gehörig, vorausgesetzt und alsdann das Dasein dem Vorgeben nach aus der inneren Möglichkeit geschlossen, welches nichts, als eine elende Tautologie ist." (*Immanuel Kant* : „Kritik der reinen Vernunft", Leipzig 1901, S. 471)

Existenz als reales Prädikat verdinglichte den Begriff, der, aufgehoben, sein Dasein mitrisse, oder Realität wäre, wie der logistische Modalkalkül will, schon die Möglichkeit selbst, deren Realisierung sie darstellt. Der Widerspruch, dass ein Leugnen seiner Existenz die abstrakte Möglichkeit mitaufhöbe, vom „ens entium" eine widerspruchsfreie Vorstellung überhaupt sich zu machen, hängt an der Prämisse, der Begriff vermöchte, sobald sie im Kontext möglicher Erfahrung nicht sinnlich, nicht material bedingt gegeben wird, die Existenz seines Objektes analytisch zu appräsentieren.

Ist so etwas wie ein *ens necessarium* kein leerer Name, kann es gleichwohl noch Name eines leeren Begriffs sein. Nicht einmal die notwendige Möglichkeit des leibnizschen Begriffs verbürgt seit Kant die reale der Existenz des Vorgestellten.

Der ontologische Beweis überlebt säkular als einer der vom Begriff erzwungenen Identität mit seinen Gegenständen. Einmal auf Gott beschränkt gedacht, scheint einzig noch er nun von ihr auszunehmen. Nichts anderes dürfte eine Theologie reflektieren, für die Gott ganz anders ist – denn als was? Seiner apathischen Ikone stünde eine Historizität besser an, die nur ideologisch noch innerweltlichem *nunc stans* unterschoben wird. Aber so wenig Kant den transzendentalen Beweis der Nichtidentität in einen der dezidierten Nichtexistenz Gottes verkehrte, ist der ontologische der Identität des kreativen Plans mit der Kreatur Beweis onto-theologischer Identität. Doch konnte noch Theorie den ontologischen Beweis zerschlagen, den der Ontologie von Identität zu widerlegen, reicht sie nicht hin. Deren kopernikanische Wende bedürfte nicht eines Alleszermalmers, sondern aller, die ihre Einheit kündigten. Theologie hätte Offenbarung als eine von Nichtidentität, die den inzestuösen Bann durchbrach, zu veröffentlichen. Erbsünde, die den Drang zu jener Reproduktion des falschen Lebens erst erzeugt, von dem sie sich kontinuieren lässt, wäre als Identitätszwang entmythologisiert, *carentia iniquitatis*, demokratisierte Schwächung bis in den Selbsterhaltungsbetrieb hinein.

Ernst Bloch, wo er Dialektik einmal in Begriffen der Mengentheorie verdeutlichen will, erinnert daran, dass die Linie, die einen Bereich begrenzt, auch immer schon zwischen zwei Gebieten liegt, die diese Schranke gegeneinander gemeinsam haben : dass sie, wo sie einen Claim für sich abstecke, nolens volens bereits das Grundstück des

Konkurrenten mitabgrenze gegen das privateigene. Der *terminus ad quem* ist *terminus a quo* ein und derselben gegen die konträre und zwischen zwei abstrakt gegeneinander festgehaltenen Bestimmungen. Die Grenze, bis hin zu deren Ende und nicht weiter etwas gerade noch nicht aufhört zu sein, was es ist gegen anderes, ist im Gleichen der Anfang, von dem her jedes beginnt, nicht mehr sein Gegenteil oder gleichgültig anderes zu sein.

Der ausdehnungslose Grenzpunkt, die Demarkationslinie zwischen Territorien, das logische Niemandsland ist die leere Menge, ohne eigenen Inhalt, Eigentum beider Hoheitsgebiete. Die Nullklasse, Todesstreifen der Logistik, ist beiden Aspiranten gemeinsam, ohne etwas zu enthalten, was Mein und Dein zu unterscheiden und zu umstreiten erlaubte. Die Nullklasse ist der logische Kommunismus der leeren Kassen.

Das Allgemeine als einer Elementenmenge Gemeinsame ist nur im Durchschnitt zugelassen, in dem sie einander überschneiden, den sie einander abschneiden, nur als Opfer von Partikularität. Vereinigung wiederum schneidet diesen Durchschnitt abermals als ausgeschlossen vom Partikularen ab. Die leere Menge ist so das einzig konzedierte *Koinon*, das den Privatpartikeln nichts raubt. Unmöglichkeit nennen Modallogiker die Nullklasse als einzige, die das Allgemeine nicht durch Äquivalententausch partikularer Teilhabe und Teilgabe produ-

ziert. Ihr Pendant in der Aussagenlogik, Kontradik-
tion, spiegelt Tautologie, Notwendigkeit, universa-
les Urteil, das im apodiktischen sich quantifiziert:
Da es zu allen Zeiten so war, ist es nun einmal so;
was nie war, kann nicht sein.

Sprache lässt in der "Möglichkeit" deren
eigene Kaduzierung mitklingen : was sein könnte,
flüchtet in nur subjektive Ungewissheit über objektiv entschieden Ausgemachtes vor der Unentschie-
denheit dessen, was bei Hegel *reale Möglichkeit*
heißt, *bestimmte Negation*. In der Definition der
Definition sind die Differenzen der befehlsempfan-
genden Partikularität vor dem nächsthöheren Gattungsbegriff, ihrem unmittelbaren Vorgesetzten, auf
interne vorab nivelliert. (Frantz Fanon hat die Über-
tragung unabführbarer Aggression vom Kolonial-
herrn auf desolidarisierende Stammesfehden einst
beschrieben, zum Beispiel.)

"Ein Satz besagt dadurch etwas über die
Welt, dass er bestimmte Fälle, die an sich möglich
wären, ausschließt, d.h. dass er uns mitteilt, dass die
Wirklichkeit nicht zu den ausgeschlossenen Fällen
gehört. Je mehr Fälle ein Satz ausschließt, umso
mehr besagt er. Daher erscheint es als plausibel, den
Gehalt eines Satzes zu definieren als die Klasse der
möglichen Fälle, in denen er nicht gilt, also derer,
die nicht zu seinem Spielraum gehören ... Bei jeder
Deduktion wird der Spielraum entweder vergrößert
oder er bleibt gleich. Daher wird der Gehalt entwe-

der verkleinert oder er bleibt gleich. Durch ein rein logisches Verfahren kann niemals Gehalt gewonnen werden". (*Rudolf Carnap* : „Symbolische Logik", Wien 1960, S. 21)

Entweder ist davon das *Ex falso quodlibet* auszunehmen oder das Kontradiktorische ist so faktisch wie der Schluss aus seinem leeren Spielraum kein logischer mehr wäre. Logik gewinnt Gehalt, apophantische Bestimmung, durch Schließen aus gerade dem, was sie aus ihren Verfahren ausgeschlossen hat : dem Widersprüchlichen, Nichtidentischen. *Ex falso quodlibe :* Das Erschlossene selbst leidet an widersprüchlicher Ambiguität zwischen dem logistischen Dezisionismus purer Willkür und beliebiger Anreicherung mit Gehalt *ex negatione*. "Wenn in einem solchen System zwei entgegengesetzte Sätze ableitbar sind, so wird das ganze System trivial, da jeder beliebige Satz ableitbar ist." (a. a. O., S. 45) Als wäre der Widerspruch analytisch, da Tautologie bereits aus allem Nichtkontradiktorischen deduzierbar ist. Carnap nennt ein System *vollständig*, wenn entweder jeder Satz oder sein Negat, einen Satz *unabhängig*, wenn weder er noch seine Verneinung in ihm ableitbar sind.

Der aussagenlogischen Paradoxie der *materialen Implikation* entspricht in der Klassenlogik das Theorem, dass die Nullklasse Teilmenge jeder Menge ist, einschließlich der singulären Klasse mit nur einem Element. Im letzten Jahrhundert verwies

99

Gottlob Frege bereits Schröder diesen Widerspruch mit Hinweis auf die Verwechslung von Menge qua Teilmenge und Element ihrer selbst, um nicht die Nullklasse zum Subjekt beliebiger Prädikation zu hypostasieren, dem Nichts Heideggerscher Dignität, das, kein Seiendes, gleichwohl nicht nichts sein soll. Heidegger teilt mit den Orthodozenten der mengentheoretischen Paradoxien die Elevation des faktisch Absenten, des bestimmt Negativen eines ungedeckten Bedarfs, zur Abstraktionsebene einer Identität mit dem *apeirischen* Sein. Dem Sein darin gleich, wird das Nichts weder als ein schlichter Gegenstand irgendeines Aktes noch als ein schier Nichtseiendes vorgestellt. Wenn logischer Positivismus die Nullklasse als Allklasse dessen einführt, was nach Heideggers Platon-Übertragung mit sich selbst nicht selber dasselbe sei, ist er paradox jener Identität von Identität und Nichtidentität nahe, der er entgegen seinem identifizierenden Prinzip dann die sattsam bekannte Nichtexistenz des Nichtidentischen entgegenhalten muss. Logistisch ist ein Begriff, die Klasse seiner Elemente, existent nur dann, wenn eine Funktion existiert, die von diesen Elementen als Argumenten erfüllt wird. Jedes Element der Nullklasse hat zwar die Eigenschaft, erfüllt eine gewünschte Funktion, die nämlich, nicht sich selbst identisch zu sein, doch die einzige, die der Positivist so zulässt, schließt er aus : Nichtidentität reicht nicht aus, die leere Menge zu bevölkern. So löst auch Frege das Paradox auf und setzt dem "Nichts" die Pistole der exklusiven Disjunktion auf die Brust:

Entweder es gibt kein Nichtidentisches oder es ist Bestandteil der Welt. Entweder das in sich Differente bequemt sich der Identität, oder es bleibt ausgeschlossen. Identisch ist nur der Begriff Nichtidentität selbst.

Das Kriterium der Nullklasse, Fehlen von Eigenschaften, denunziert das *universe of discourse* dessen, was mit sich ins Reine kam, als Klasse von Eigentümern. Da die mit je sich selbst nicht identischen Elemente der leeren Menge im Hinblick auf Nichtidentität miteinander gleichwohl identisch sind, ist ihnen das gemeinsam, nichts mit je sich selbst gemein zu haben. Die Nullelemente, miteinander, obzwar nicht jedes mit je sich selbst identisch, koagulieren zur singulären, zur monistischen Klasse des Nichtidentischen, während die Elemente der Allklasse, jedes mit sich selbst, doch nicht miteinander identisch, sich im Besitz ihrer Eigenschaften unterscheiden, durch mindestens eine erfüllte Funktion außer der Diszernität. Identität der Nichtidentität ipsidenter und der Identität nicht-ipsidenter Objekte jedoch ist so affirmativ wie die idealistische Identitätsthese des Ich oder die monistische Simpliziade Gottes.

Das Leibnizsche *prinzipium identitatis indiscernibilium* stattet die Nullklasse mit der logischen Unschärfe eines nicht durchindividuierten Feldes aus. Als *principium individuationis* aber gilt der Metaphysik seit Aristoteles die *materia prima*, spätestens seit dem Thomismus eine *materia designata quantitate* in untergründiger Korrespondenz zur spätlogischen extensionalen Deutung des Allgemeinen : "Die Zahlen sind Bilder der Begriffsumfänge". Der Begriff vom Begriff als logischer Ausdehnung, Anzahl der unter ihm befassten Exemplare, drang später durch, sanktionierte nur nachträglich jene Regelung, die lange zuvor schon das Prinzip des *individuum ineffabile*, des „tode ti" und „hekaston", von formqualitativer *„haecceitas"* (Duns Scotus) an mathematische Materie, einem raumzeitlichen Relationssystem delegiert hatte. Ohnmächtig Carnaps Versuch, den Vorwurf des Idealismus abzuwehren : "Wir können aber ... noch weiter gehen und geradezu sagen, dass der Begriff und sein Gegenstand dasselbe sind. Diese Identität bedeutet jedoch keine Substantialisierung des Begriffs, sondern umgekehrt eine "Funktionalisierung" des Gegenstandes." (*Rudolf Carnap* : „Der logische Aufbau der Welt", 2. Auflage, Hamburg 1961, S. 6) Als wäre nicht eben das identisch.

			numer.	modal	temporal	modal
Christus	Einer	wirklich	vergangen	notwendig		
Gemeinde	Einige	möglich	Gegenwart	wirklich		
Gottesreich	Alle	notwendig	Zukunft	möglich		

Was existentialistische "Möglichkeit" und marxistische *docta spes* von der christlichen Kardinaltugend Hoffnung übrigließen, ward endgültig von der Logistik sequestriert. Dort rangiert sie als monadischer Valenzfunktor, Modalisator oder, nach Carnap, nichtkontradiktorischer Ausdruck, zu dem es wenigstens *ein* Urteil, das erhoffte, geben soll, das er nicht impliziert. Der Modus wurde eine mehr oder weniger volle Klasse "möglicher" (in einem seiner "möglichen" Formen also bereits stehender) Fälle. Darin ist das cusanische „*Potest*" das längst schon Reale, die besetzte, nicht die Planstelle innerhalb eines nichtleeren Mengenraums, wie um die Entkräftung des Vorwurfs bloß abstrakter Möglichkeit dadurch zu simulieren, dass das Reale als solches platt die hegelisch "reale Möglichkeit" selbst schon ist.

Notwendig soll was auch immer sein, das in *allen*, möglich, was in *mindestens einem*, zufällig, was in *mindestens einem nicht*, unmöglich, was in *keinem* der jeweiligen Fälle eines jeweiligen *universe of discourse* gilt. Kronzeuge Kant leistet im Schematismuskapitel der Vernunftkritik dieser numerischen Interpretation des Modalkalküls Vorschub, wenn er das sinnliche Schema dieser Modi Notwendigkeit, Möglichkeit und Wirklichkeit als ein Dasein (also selbst schon Wirklichkeit) zu *jeder*, *irgendeiner* und *je bestimmten* Zeit quantifiziert. Auch Heideggers Temporalisierung der existenziellen Modalstruktur in Einmaligkeit, Beliebigkeit und Alltäglichkeit sah sich von Kant belegt. Doch logistische Reduktion der Modi auf Extensionalitäten redet aus der Diallele sich heraus auf Metamodalitäten, deren Problematik die der primordialen nur verschleppt : Quantifizierung der Modi schlägt um in Metamodalisierung der Quantoren selbst.

Schon bei Leibniz ist, was möglich ist, in mindestens einer der im göttlichen Geist möglichen Welten verwirklicht, von denen Gott wenigstens *eine*, also Wirklichkeit als paradoxe Bedingung der Möglichkeit ihrer Möglichkeit, schaffen musste, die nach unerforschlichen Ratschluss beste daraus dann geschaffen haben soll.

Für Leszek Kolakowsky ist dagegen das Festhalten am Unmöglichen zu der Zeit, da es real noch unmöglich ist, geradezu Bedingung der Möglichkeit des Möglichen : " Die Utopie als solche ist Bedingung dafür, dass sie eines Tages aufhört, eine zu sein ... Lange vor der materiellen Produktivkraft, die sie in eine reale Möglichkeit von der bloß abstrakten verwandelt, muss die Utopie als Utopie verkündet werden ... Das Unmögliche wird unmöglich bleiben, wenn es nicht schon verkündet wird, bevor es möglich ist."

Gerade wo seine Theologik die positivistische Arithmetik von Möglichkeit, des besonderen Begriffs von Besonderheit, verhandelt, nimmt Hegel bereits im partikularen *Urteil der Reflexion*, das sich aus dem *negativen* des Daseins übers *hypothetische* der Notwendigkeit zum *problematischen* Urteil des Begriffs aufschwingt, das existentialistische *ante essentiam* des menschlichen "Entwurfs" samt dessen Kritik schon vorweg:

"Wenn einige Dinge nützlich sind, so sind eben deswegen einige Dinge nicht nützlich ... Dem Einigen wird daher ein allgemeinerer Inhalt beigegeben, etwa Menschen, Tiere usf. Dies ist nicht bloß ein empirischer, sondern durch die Form des Urteils bestimmter Inhalt; er ist nämlich ein Allgemeines, weil Einige die Allgemeinheit enthält, und sie zugleich von den Einzelnen, da die reflektierte Einzelheit zugrunde liegt, getrennt sein muss. Näher ist sie auch die allgemeine Natur oder die Gattung Mensch, Tier, - diejenige Allgemeinheit, welche das Resultat des Reflexionsurteils ist, antizipiert, wie auch das positive Urteil, indem es das Einzelne zum Subjekte hat, die Bestimmung antizipierte, welche Resultat des Urteils des Daseins ist."
(*G. W. F. Hegel*: „Wissenschaft der Logik", Band II, Leipzig 1951, S. 289)

Den Gebrauch von Freiheiten, die nicht sie selbst sich nahm, durfte liberale Theologie getrost freigeben, da das Anathema über Pelagius um so weniger betroffen war von der Freigabe ohnehin vergeblicher Moral, je weiter diese auf die Bedeutung sexueller Restriktion herunterkam.

Zum Würgegriff aber wird ihr Zirkel, sich einmal Exklusivität aufzwingen zu lassen durch thematische Rückstände, die um enger Strenge willen aus den Sinnterritorien anderer Methoden ausgebürgert sind, im Übrigen gleichwohl diese Autonomie leidlich zu pointieren vor der schlechten Unendlichkeit, bis zu der arbeitsteiliges Zerreißen des heiligen Gewandes getrieben werden kann, und trotzdem glaubhaft zu bleiben gegen eine dauernd angekündigte Vollzähligkeit, die nun Überzähliges, Überflüssiges, Überfälliges allerdings ausgemerzt hat, und Widerspruchsfreiheit kultureller, als radikal sich aufspielender Synkretismen, deren nominalistische Ökonomie, um nicht mit dem Pluralismus zu kollidieren, sie gerade als Accessoire noch duldet.

Nicht aus dem Sortiment zu streichen, was einmal Siegel untilgbarer Bedürftigkeit war, soll jetzt zum Beweis sich schicken, dass noch den exaltiertesten Bedürfnissen Rechnung getragen wird. Zu demonstrieren, dass eine Ideologie entbehrlich ist, nach der der Charakter von Entbehrung der Welt unaufhebbar anhaftet den voreiligen Proklamationen des saturierten Lebens zum Trotz, macht diese Ideologie zu dem Extra, das erst sich leisten kann, wer nichts mehr von dem entbehrt, was als *leisure symbol* jeweils herumgereicht wird.

Ihre absolute Zukunft vor der Verewigung einer Kultur zu retten, die sich anschickt oder nur anheischig macht, ihre Notwendigkeit abzuschaffen, als sei Not abgewendet, verdächtigte Theologie im Kielwasser der Philosophie Naturrechte und Kulturpflichten einer abgestandenen Geschichtlichkeit, widerriet dem Pendant der Fungibilität, dem Pathos gebildeter Distanz, das die Resultate mit gekappten Prozessleinen zu bloß begaffbaren Inventarposten im Museum der Vorhandenheiten fetischisierte.

Verzichte ich darauf, das Wesen zu sein, durch das die Zukunft keine Kopie dessen zu sein brauchte, in was ich hineinwachse, um es zu übernehmen, dann zeigt mir ein kataklystisches Antlitz der Welt nur die Unkenntnis jener Gesetze an, nach denen nie anderes sein kann, als was seit Anbeginn und alters her war. Erst das Vorverständnis der fatalen Determinismen als Antifinalitäten aus der Relativierung von Ursachen zu Mitteln, von Zwecken zu Wirkungen, macht ihren gesattelten Rücken reitbar. Der Entwurf, als Auswurf verworfen, überwirft sich mit seiner Unterwürfigkeit unter die Geworfenheit, wirft sich ihr vor, und dieses Zerwürfnis mit dem würfelspielenden Gott darf diabolisch genannt werden vor dem, was gut sein soll, weil es ist, nicht etwa ist, weil es gut wäre. Nur nähren die *actes gratuits* des dynamischen Aktivismus weiter den Verdacht, ihre Ideologeme versäumten es, über das wahre Verhältnis der menschlichen Privilegien zum Universum aufzuklären. So wenig aber der Zirkel durchbrochen wird, wenn das Wesen des Wesens von Existenz diese selber ist, Existenz eine Essenz zu erfinden hat, deren Essential sie selbst ist, konnte Theologie, Schulter an Schulter mit dem Marxismus, ihre Modernität als Teleologie des Existenzialismus regenerieren, weil dieser, darin dem Zeitgeist hörig, Irrationalität nur aus dem Instrumentarium exorziert hatte um den Preis, die Entelechien an einen totaloklinen Dezisionismus abtreten zu müssen. Allerdings träfe, wie Sartre will, projektive Entscheidung darüber, was überhaupt sein soll, kein substanzielles Jenseits der synthetischen Relation rationaler Mittel und Hindernisse, durch die hindurch sie sich existentialisieren in dem Maße, wie sie deren Existentialisierung darstellen.

Doch einmal ist das Strukturprinzip der Totalisierung nicht schon darum rational, weil seine Elemente rationell in ihm fungieren, zum anderen diskreditiert der existenzielle Ansatz sich im Musilmann ohne Eigenschaften, der immer auch anders können soll ohne Möglichkeit, nicht nicht zu sein, was er je wäre, und doch gerade dadurch dem Autor die Möglichkeit gab, seinen Helden die historischen Bedingungen seiner existenziellen Indisponibilität ausschreiten zu lassen. 1914, wo der Roman endet, ward dann das Andere selbst verändert, das Ulrich je auch könnte : Der Krieg ward der „andere Zustand".

Ist die Krone der Schöpfung im vornhinein als das Lebewesen angesetzt, das auf dem Boden gegebener Verhältnisse nichts ist als die kontingente Notwendigkeit, sein Wesen und das der Verhältnisse zu erfinden, so entgeht man zwar den cartesianischen Aporien einer Selbst- und Fremderkenntnis im Stadium der Selbstkoinzidenz. Soll der Existenzialist, des Theologen liebstes Kind, aber erklären, was die Faktizität dazu bewegen könnte, sich überdies zum Produkt ihrer selbst zu machen, weiß er auch nur auf einen ontologischen Sündenfall des im Übrigen kulturell präformierten *Etre-en-soi* Sartres zu rekurrieren. Da Sein nicht zu rechtfertigen sei, ohne es zu *nichten*, und Rechtfertigung sich allemal auf eines bezieht, das einer „Anéantisation" bereits zum Opfer fiel oder erst projektiert ist, bleibt die berühmte Verurteilung zu ihr ebenso notwendig wie das Sein beliebig, das zu rechtfertigen ist. Das Sein ist "de trop" und Rechtfertigung eine eines schon transzendierten oder nur erst entworfenen Seins, das nicht mehr oder noch nicht ist, des aristotelischen Nichts der Zeit. Hauptsache, Seiendes, welches auch immer, wird *causa sui*, entzieht sich den Naturrecht auf Entbehrlichkeit für seinen Begriff. Seine *Nichtung* vernichtet die Realität seiner Möglichkeit mit, um der Rechtfertigung willen. Existenz, die der Faktizität sich entreißt auf das Reißbrett-Artefakt ihrer selbst hin und durch diesen Riss die „*Inertialkoeffizienten*" aller Bremsklötze erst konstituiert, entreißt sich ihrem Wesen nur, um es einzuholen: Die vermeintliche Selbstessentialisierung der Existenz realisiert wieder nur die Essentials, die der ja gar nicht so nackten Existenz in die Wiege gesungen waren. Zu sagen, Sein sei ungeschaffen oder von Gottes Gnaden, läuft von daher auf dasselbe hinaus: die Tabuierung seiner Vorgeschichte macht es unvermeidlich.

Hatte der paulinische Luther durch den Glauben allein den des Anteils der Meriten an ihm und seinen guten Werken ausgetrieben, Erfolg kehrt ideologisch als Folge von Einsatz hartnäckig wieder, seit Akkordfrömmigkeit die Qualitätsgewissheit der Werke außer Frage gestellt hat.

Am calvinistischen Kapitalismus Max Webers bleibt gegen katholischen Semi-Pelagianismus
so viel wahr, dass *der* Verdienst nicht ideologisch
das Verdienst einer nur supponierten Autonomie ist,
sondern den Gnadenstrahl signalisierte wie in der
Pleite der Index der Reprobation gefürchtet war.

An legendären Präzedenzfällen wird immer
noch denen demonstriert, die sich allein daraus ihr
schlechtes Gewissen machen lassen, der eigene
Swimmingpool sei ihnen versagt nur, weil sie ihren
liberalistischen Kairos dauernd verpassen. Das un-
durchsichtige Augustinische Gnadenroulett ist die
im Mittelalter als von ihm gebrochen, geheilt, er-
gänzt gedachte Natur selbst geworden. Inzwischen
darf der von Gnaden zufälliger Marktchancen Arri-
vierte auf das Attest seiner Zurechnungsfähigkeit
hoffen, je weniger es ihm an die Wiege der Teller-
wäscherei gesungen war.

Dahin zielt Adornos Konjektur, die Frage
nach dem Sinn des Lebens, deren Aktualität eine
Freiheit reflektiert, die allein im Überbau sich aus-
tobt und gefangen ist zumal, könne von ihm nur
gestellt werden. Das stereotype Rezept, Patentrezep-
te für Kummerkästen nicht liefern zu dürfen, die an
der Dignität des Problems sich vergriffen, beweist,
dass der Überbau sich im Namen seiner Offenheit
von dem dispensiert, was er frei genug ist zu kom-
pensieren. Not aber, die beten lehrt, entwickelt so
weit zurück wie nur unterentwickelte Länder für den

Totalitarismus anfällig scheinen. Dass es in Schützengräben keine Atheisten gebe, enthüllt den Sinn der Frage nach den Sinn des Lebens, während Scham doch verböte, das "Reich der Notwendigkeit", fortwährende Vorgeschichte, zu verwechseln mit Not, die, nicht länger nötig, für noch immer gut genug befunden ist, sich und mit ihr das zu verewigen, das gerechtfertigt schien, solange es ihr noch abzutrotzen war.

Nulla scientia probat sua principia. Davon haben Götter weder ihre Theologie dispensiert noch deren einstige Magd dazu berufen, religiöse Akte sich vor den immanentalen Bedingungen ihrer Möglichkeit blamieren zu lassen. Immanental wäre dabei ein dialektischer Begriff, der, obgleich nicht selbst Diaphanie, so etwas wie Transzendentalien allererst möglich machte. Diese wären anders bloße Äquivokationen des Heiligen wie Heideggers Synonyme fürs *Seyn* austauschbare Äquivalente sind. Die Retourkutsche einer Metatheologie der Religionsphilosophie müsste dagegen bereits prompt aufs *primum principium* retirieren, ohne darin mittels ihrer eigenen Rationalität das Prinzip ihrer philosophischen Prinzipienklärung zu erreichen. Dabei bleibt katholischer Thomismus noch rationaler als das protestantische Jenseits aller ans Diesseits verhurten Begriffe. Spezialist für Universalien, teilt der Theologe auf der Suche nach dem Born des totgeborenen Lebens den Status des Philosophen, in Bornierung zu dilettieren und in diesem Dilettantismus borniert zu sein.

Religion, wo sie für Philosophie objektikabel wird, wäre vom kulturellen Löschpapier, Philosophie aber von Theologie aufgesogen, gäbe sie zu, ein kulturell Unbedingtes vermöchte, obschon nur durch kulturelle Sinnfunktionen hindurch, die Autonomie der immanenten Synthese aller kulturellen Synthesen dadurch zu durchbrechen, dass es sie im Namen des Mittlers zwischen dem Apriori und der objektiven Synthesis praktisch zum Mittel, ästhetisch zur sakramentalen Metapher, theoretisch zum „Modell" relativierte. Auch Dialektik schraubt jede emphatische Synthese auf den Boden einer These, Symbol ihrer Selbstnegation, zurück. Doch : "Das Gebiet, in dem Kultur und Religion sich treffen, ist die gemeinsame Richtung auf die Sinneinheit. Hier ist der kritische Punkt der Religionsphilosophie, der Punkt, wo sich entscheidet, ob die Religionsphilosophie überhaupt bis zur Religion durchdringt, oder ob sie sich damit begnügt, einen synthetischen Abschluss des Kulturbewusstseins mit Religion gleichzusetzen. In dieser Gefahr befindet sich namentlich die kritisch-dialektische Methode. Sie stellt sich, je stärker sie das dialektische Moment betont, desto nachdrücklicher unter die unbedingte Forderung und treibt darum den dialektischen Prozess über jede bestimmte Form hinaus. Aber sie sieht nicht, dass dieser ganze Prozess wie jede einzelne Sinnform unter dem Nein des unbedingten Sinnes steht und nur durch dieses Nein zugleich ein Ja der Sinnhaftigkeit erhalten kann." (*Paul Tillich* : „Religionsphilosophie", Stuttgart 1962)

Noch das Prinzip universaler Mediation soll durch jenes Unmittelbare vermittelt sein, von dem Karl Heinz Haag schrieb, es hypostasiere die Abwesenheit des traditionellen Gottes zu einem "abwesenden Gott". Auch über ihn direkt noch zu reden, wäre nach dem KZ, der Synthesis des industrialisierten Grauens, dem unterm Signum von Gottverlassenheit noch "Abgrund des Sinnes" abdestilliert wäre, so zynisch wie jene negative Theologie, der alles implizit umso christlicher deucht, je prononciert indifferenter oder lästerlicher es sich gebärdet. Rationalisiert ist das Grauen, wo es wie nur zur Prüfung oder Geißel die innere Umkehr erzwingen will und als pestilente Heimsuchung eine Art kathartischer Existenzwäsche einleitet. "Im kulturellen Akt ist das Religiöse also substantiell; im religiösen Akt das Kulturelle formell." (*Paul Tillich*, a.a.O.) Dass mit Augustin auch die Sünde dient, hat immerhin das Wahre für sich, nach dem im Unendlichen jede Dissidenz gegen den Plan konvergiert.

Heute scheint die kulturelle Totalisierung, zum Symbol ihrer selbst krud kurzgeschlossen, nicht mehr detotalisierbar, seit unbedingter Gehalt als solcher von Kulturindustrie konditioniert ist, wie Unmittelbares seine Unmittelbarkeit nur über Vermittlungsbüros bezieht. Das Symbol ward übers Gleichnis in die Identität hereingeholt. Konfessionalisiert durch unvereinbare Kriterien bei der Selektion sakramentaler Symbole ist Theologie in die falsche Alternative gezwungen worden zwischen sakramentaler Indifferenz, die noch in die Folterkammern pantheistisches Licht schickt, und theokratischer Exklusivität des Offenbarungsträgers.

Die Selbsttotalisierung der kulturellen Synthese wirkt auf jede ihrer Partikel desakramentalisierend. Kultur hat sich gegen die progressive Freigabe kultischer Symbole sehr erfolgreich abgedichtet, wo deren Intention ihren Bannkreis durchbräche. Dabei scheint das sakramentale Tabu über den technischen Standard ihrer Praxis stärker als das über ihre Mythen. Sekten, einst Urvehikel eschatologischer Beschleunigung, die den Sakramenten das Sakrament verweigerten, fallen hinter den Symbolstandard der sichtbaren Volkskirchen noch weit zurück, weil das avanciertere Material der Kultur, ihre progressivsten Formen, sich weigern, andere als ästhetische Symbole zu liefern, deren Transzendenz, utopische Einheit von Theorie und Praxis, imaginär bleibt. Theorie, Ohnmacht und ihre Kompensation in eins, ist Praxis, Engagement ohne Gage, auch in dem bösen Sinn, dass ihr Verzicht auf Realität dem Weltlauf vorab in die Hände arbeitet, auch wo er entschuldbar scheint durch den Hohn, den Einsatz allemal dem guten Vorsatz spricht. Pascal machte sein berühmtes "Vous etes embarqués", das es ja unmöglich macht, gar nicht zu wetten, durch die abgründige Aussicht schmackhaft, es sei nichts zu verlieren für den, der auf die unbeweisbare Existenz Gottes setze. Das bleibt wahr, solange noch gegen ihn zu verteidigen ist, dass nichts gewinnt, wer darauf setzt oder angesetzt wird, was Pascal Zerstreuung und Marx Opium nannte, die inmitten aller Euphorie das Bewusstsein einer objektiv erbärmlichen Lage verhindern, wobei Hemingway auch Brot zum Opiat rechnete. Pascals Ablehnung der Welt samt ihres *moi haissable* durch ihre eigenen Formen hindurch nicht im Namen ihrer eigenen Möglichkeiten, sondern einer Ewigkeit, die nicht die ihre ist, laviert, wie Luden Goldmann in „Pascal und Port-Royal" („Weltflucht und Politik", Neuwied/Rhein 1967) gezeigt hat, vom „Memorial" über die „Lettres Provinciales" zu den „Pensées", zwischen Racines „Phädra" und „Athalja", um im nicht sehr salomonischen *omne vanum* von Port-Royal zu enden.

"Anthropomorphe Projektion" sakramentaler Dias auf die Tabula rasa des Numinosen wird verwechselt mit einer als anthropologisches Projekt aufgeklärten Religion, deren astralmythische oder institutionelle Produkte nach soziologischem Muster von Automatismen entlastend, nach kritischer Theorie aber entfremdend auf die Autonomie des Projektors zurückwirken. Je nach interessiertem Blickwinkel wird Spontaneität dabei von ihrem „champ de pratico-inerte" (Sartre) absorbiert oder delegiert ihre formalanalytisch reproduzierbar gewordenen Routinefunktionen an institutionell verfestigte Materialisationen, um frei zu werden für "schöpferische Subjektivität". Setzt die Arbeitsteilung, von der es seine objektiven Dimensionen absättigen lässt, das Subjekt erst frei für seine Eigentlichkeit, die so über ihre

Entfremdungen vermittelt wäre, oder religiert eine Institutionalisierung die Subjektivität selbst? Dieses wäre Apologie des Apparates, der mit ritualen Reproduzierbarkeiten am religiösen Bedürfnis sich deckte und die vergleichsweise harmlose Frage übrigließe, ob vorhandene Institutionen das je nach dem Standard der Produktivkräfte bereits Institutionalisierbare noch auffangen können oder religiöse "Dauerreflexion" keinen stabilisierenden Unterbau, keine Plattform administrativer Abstützung mehr findet. Verfehlt ist jeder Appell an Rückzug aus dem Apparat zum archaischen Viridarium, aus Spätzeitverknöcherung zum präzivilisatorischen *élan vital*, zu dessen Exil alles Objektive xenophob herhalten muss. Doch solange die Institutionalisierung ebenso verdinglicht wie alle Objektivität institutionell gerät, solange subjektive Flexibilität paranoisch aktiviert bleibt, angezogen im Bett lauert, dauernd auf dem Sprung zu der ontogenetischen Reaktivierung einer weniger ontologischen als phylogenetischen Verfolgungsangst, solange sie eine von Fixierung bedrohte Treibjagd auf Fixierung scheint, solange ist sie in keinem Gegenstand zu stillen, ohne ihn in die "verfolgte Verfolgung" mitzureißen, die weder Seditiöses noch Sedendäres wagen darf. Ein Stillstand, der nicht vom sprichwörtlichen Rückgang überrannt zu werden fürchten müsste, Rasten, das keinen Kruppstahl rosten ließe, machte den immensen atmosphärischen Druck erst spürbar, wo er genommen wäre.

Nach den Gehlen und Schelskys nun hält der Apparat von sich aus freundlich parat, was ihm doch, geschieht das einmal, abgezwungen wurde: instrumentelle Möglichkeiten sicherzustellen, ohne die nicht über ihn hinauszugehen wäre. Schwerlich verhinderte die Garantie deaktualisierter "Hintergrundserfüllung" inferiorisierter Bedürfnisse, auch religiöser, die Deaktualisierung von Bedürfnissen überhaupt. Der *fides qua creditur* wird als letztes Sakrament das geistigste Symbol, fast das Symbolisierte selbst, Sprache, angesonnen, die die "antiquierte Bedeutungsverschlossenheit" der tradierten Dogmen und Formen zum bloßen Kondensationskeim, zum provokanten Auslösesignal der unendlich in sich selbst potenzierten religiösen Spiritualität umfunktionieren soll. Chronisches Gespräch zwischen Duzbrüdern schafft die soziale Verbindlichkeit zwischen den ewigen Konkurrenzpartnern.

Dagegen Marx: "Die einzig verständliche Sprache, die wir zu einander reden, sind unsere Gegenstände in ihrer Beziehung auf .einander. Eine menschliche Sprache verständen wir nicht, und sie bliebe effektlos; sie würde von der einen Seite als Bitte, als Flehen und darum als eine Demütigung gewusst, empfunden und daher mit Scham, mit dem Gefühl der Wegwerfung vorgebracht, von der andren Seite als Unverschämtheit oder Wahnwitz aufgenommen und zurückgewiesen werden." (*Karl Marx* : „MEGA" Band 13, S. 543 – 547, „Aus den Exzerptheften")

117

Taktgefühl, Erbe der distanzierenden Höflichkeit, wird zur Taktik im Rahmen der Profitstrategie, zu Kontaktarmut oder zum Hochmut des Außenseiters, der sich vermisst, auf Innung zu pfeifen. Dass dem Apparat zu parieren ist, gibt H. Schelsky selbst zu: "Diese die Dauerreflexion und Bewußtseinsdynamik moderner Innerlichkeit sichernden Außenwelt-Einrichtungen legen Handlungs- und Ausdrucksformen dieser Subjektivität nahe, ja drängen sie auf, die bei aller Vielfalt ihrer inneren Erlebniserfüllung und ihres Erlebnisniveaus formal, d.h. im beobachtbaren Außenweltverhalten, deutlich auf eine immer größere Stereotypie hinauslaufen."
(*Helmut Schelsky* : „Ist die Dauerreflexion institutionalisierbar? Zum Thema einer modernen Religionssoziologie", zitiert aus : *Joachim Matthes* : „Religion und Gesellschaft", Hamburg 1967, S. 182 f.) Und : "Institutionalisierung ist also eine Stabilisierung von Verhaltensweisen als Trivialisierung und Banalisierung, und umgekehrt bildet erst ein Verhalten, das diesen Zustand erreicht hat, die Grundlage für neue stabile Institutionen." (a. a. O., S. 179)

Schelsky beeilt sich, noch daraus die Stätte der Begegnung zu machen : "Dass man miteinander spricht, scheint die institutionelle Grundforderung dieser Glaubensform zu sein." (a. a. O., S. 183) Der Jargon der Eigentlichkeit feiert Orgien : "Selbstverständlich ist das Ziel all dieser institutionalisierten Formen der modernen Religiosität das „echte Gespräch", die innere Begegnung und das Sich-finden

subjektiver Erfahrungen in der gemeinsamen Verbindlichkeit eines Glaubens; ... ." (a. a. O., S. 184)

Die liquidierende Beliebigkeit reaktivierter
Glaubensinhalte hat mit zitierter Dialektik wenig,
umso mehr mit einer Spielart totalitärer Religiosität
zu tun, die Walter Heist schon im *renouveau catho-
lique* entdeckt hatte und von Schelsky auf ihren
protestantischen Kern gebracht wird. Im Übrigen
darf diese ganze moderne Mobilität sich nur an den
Formen vergreifen : "So kommt es, dass die religiösen Wahrheiten der Bibel, der Kirchenväter und
Reformatoren – ohne dass dadurch der von der Be-
wusstseinsform ihrer Rezeption unabhängige Heils-
inhalt der Offenbarung in Frage gestellt würde –
heute nur in hoher und permanenter Reflexion –
historischer, philosophischer, anthropologischer,
existentieller, dialektischer, analytischer usw. – zu
realisieren sind." (a. a. O., S. 173) Dass Institutionen
nicht sich um der Subjektivierung willen konsolidie-
ren, wird erst auf der letzten Seite angedeutet:

"In den Institutionen der Heilsreligionen nimmt dieser
"Appell nach oben" nämlich die Form des Widerspruchs
der Institution zu sich selbst an, der aber mitinstitutionali-
siert wird. Dieses Problem ist alt in der christlichen Tra-
dition : es ist der von Anfang an gesetzte Widerspruch
zwischen sichtbarer und unsichtbarer Kirche, zwischen
dem verbindlichen "Wort" und dem verbindenden "Geist"
der Institution ... Er ist soziologisch eigentlich nur als
Paradoxon zu beschreiben : Sozialisiert wird im Ge-
sprächsprinzip moderner Glaubensgemeinschaften die

Subjektivität des Ich; sie wird es im Institutionellen aber zunächst mit der Tendenz, gerade die Dauerreflexion des Subjektiven zu bändigen und der Subjektivität wieder ihre Fixiertheit in einem gemeinschaftlichen Motivbewusstsein, den Durchstoß zu einem über die Selbstbespiegelung der Innerlichkeit hinausgelangenden Handeln unter und mit Menschen gleichen Glaubens abzuringen. Das bloß Subjektive ist demgegenüber Verfall des Glaubens. Die sich in sozialen Handeln festlegenden religiösen Institutionen stoßen aber durch ihre Weltfixiertheit und Handlungsentscheidungen, ja allein durch ihre Kommunikation in Weltsachverhalten, eben die moderne Innerlichkeit in ihre Subjektivitätstiefe wiederum zurück, aus der diese Glaubensform lebt." (a. a. O., S. 187 f.)

Aber man wird entlassen durch den rettenden Ausweg in den dubiosesten aller soziologischen Begriffe : "Im Theologisch-Philosophischen entspricht diesem institutionalisierten Selbstwiderspruch gegenwärtiger Glaubensinstitutionen die zentrale Bedeutung der Du-Problematik : Die Begegnung der Subjektivität mit sich selbst im Du offenbart sowohl eine das Soziale übersteigende Beziehung der Ichhaftigkeit der Personen – das Verhältnis zum Du ist keine Sozialbeziehung – wie sie umgekehrt auch der Einsamkeit der Dauerreflexion am konkreten Gegenüber Einhalt gebietet. Diese Begegnung wird daher zum obligatorischen Grundmodell der religiösen Beziehung, zum angesonnenen inneren Weg, der den Christen zu Christus führt." (a. a. O., S. 188) Zitiert wird Sartre: "Da wir nicht schweigen können, müssen wir mit der Sprache Schweigen hervorrufen." Dass solches aber nicht zu Buber führt, zeigt Beckett.

Die Dialektik, nach Hegels Wort an Goethe organisierter Widerspruchsgeist, erhebt aufhebenden Einspruch gegen monologische Widerspruchsfreiheit jeder Reflexionsbestimmung, die sich weigert, Identität mit Differenz zu identifizieren. Wo diese allzu behende im Anderen immer schon bei sich selbst ist, versteht Dialektik Freiheit anders als eine vom Widerspruch. Das amerikanische *search-for-identity* arbeitet dem fatalen Gerede von der Entfremdung in die Hände, aus der heimzuholen sei in primordiale Identität vor jeder Arbeitsteilung. In den "Pariser Manuskripten" von 1844 setzte Marx an Hegel weniger aus, er habe Geist seiner selbst überhaupt sich entfremden lassen, als dass Hegels "Bewusstsein" es gar nicht zu einem ihm Fremden bringe, auf halbem Wege bei sich stehenbleibe, bei Dingheit als idealer Bedingung jener Dinge, bis zu denen hinaus erst Marx die Reifikation auszuziehen wagte, ohne materielle Objektivität als solche schon zu dem Sündenfall zu perhorreszieren, in dessen Schatten die Welt alles ist, was Abfall in die statt aus der Zeit ist:

"Die Wiederaneignung des als fremd, unter der Bestimmung der Entfremdung erzeugten gegenständlichen Wesens des Menschen hat also nicht nur die Bedeutung, die Entfremdung, sondern die Gegenständlichkeit aufzuheben ..." (*Karl Marx* : „Pariser Manuskripte", 1844) Und weiter: "Für es (das Selbstbewusstsein) hat das Negative des Gegenstandes oder dessen Sich-selbst-Aufheben dadurch die positive Bedeutung, oder es weiß diese Nichtigkeit desselben dadurch, dass es sich selbst entäußert, denn in dieser Entäußerung setzt es sich als Gegenstand um der untrennbaren Einheit des Fürsichseins willen als sich selbst."

Hegel habe den Geist weniger zu widerstehenden Gegenständen sich *entgeistern* lassen als zu halluzinatorischen Bildern an der Projektionswand seiner selbst, die überstürzte Reprise und Wiederinbesitznahme der dem Selbstbewusstsein entwischten Äußerungen desto glaubhafter zu machen. Der rhetorischen Geste verwandt, die, um bei keiner Festlegung ertappt zu werden, das Ausgedrückte immer schon zurückgenommen hat, eingedenk der Verwundbarkeit des vorbehaltlos Exponierten : Geist verdingt, veräußert sich, doch nur an sich selbst. Hegel habe unbedenklicher den Gedanken an seinen Gegenstand opfern sollen. "Ich war nur auf das aus, was ich für wahrer hielt, als ich selbst mir vorkam, d.h. was in meinen Augen den Vorzug hatte, mir einen Einblick in das Denken eines großen Genius oder in das mächtige und reizvolle Walten der Natur zu verschaffen, so wie sie es entfaltet, wenn sie ohne menschliches Zutun ganz sich selbst überlassen ist." (*Marcel Proust* : „Auf der Suche nach der verlorenen Zeit", Werkausgabe Suhrkamp Band 2 : „In Swanns Welt" (II), Frankfurt/M. 1964, S. 508)

Denn nicht Selbstentäußerung sei schon die Entfremdung, gegen die es ja bei beiden geht. Entfremdung des Selbstentäußerns selbst zum Veräußerten erst, gerade das Stilllegen der Bewegung seiner Objektivationen entfremdet das Selbstbewusstsein seiner genuin selbstentfremdenden Wesenstätigkeit, legt ihn aufs Eis der Gegenstände, die nur dann anfangen, ihm fremd zu werden, wenn es selbst aufhört, sich zu ihnen zu äußern. Anders verkehrt sich die Selbstvergegenständlichung des Bewusstseins in den cartesianischen Chorismos zwischen *res extensa* und jener *res cogitans*, die mit ihrer Widersacherin identisch wird, wo der Abstand zum Gegenstand, diesem selbst kommensurabel, Geist ausmacht, definiert und auslöscht zumal. Objektivation entfremdet sich also keinem hypostatischen Selbst, sondern erst Entfremdung von ihr, von individuierender Exaltation, hypostasiert ein punktuelles Selbst, dem seine Vergegenwärtigungen zum widerwärtigen *Etre-en-soi* koagulieren, das Sartre in "La Nausée" dem ebenso angewiderten wie ungetrübten Bewusstseinskristall des Antoine Roquentin kontrastierte. Amerika hat die existenzialistische Nausea bereits exoterisch gemacht. Das Sein ist zu viel? Man reinigt sich von der Infektion, die sein Übermaß bereitet, durch jene Zerstörung, die im konsumhygienischen Genuss liegt. Das Loch im Seinsgewebe, als das Sartre Freiheit begreift, ist immer neu aufzureißen durch Leerung erdrückender Schaufenster und überbesetzter Marktlücken. Die transzendierende Befreiung vom Angriff der Ware,

Freikauf vom ontologischen Überfluss, durch den Schneisen zu fressen sind, wird nicht länger bloßer *„conscience néantisante"* zugetraut. Die Desinfektionsarbeit übernimmt der freischaufelnde Verzehr, der die Entfremdung chimärisch einzieht : "Auch die Tiere sind nicht von dieser Weisheit ausgeschlossen, sondern erweisen sich vielmehr am tiefsten in sie eingeweiht zu sein; denn sie bleiben nicht vor den sinnlichen Dingen als an sich seienden stehen, sondern, verzweifelnd an dieser Realität und in der völligen Gewissheit ihrer Nichtigkeit langen sie ohne weiteres zu und zehren sie auf; und die ganze Natur feiert, wie sie, diese offenbaren Mysterien, welche es lehren, was die Wahrheit der sinnlichen Dinge ist." (*G. W. F. Hegel* : „Phänomenologie des Geistes", Hamburg 1952, S. 87 f.)
Konsum kommuniziert.

Wenn es wahr ist, dass Dämonie kein Fehltritt ist, sondern ihre nichtige Positivität viel zu sehr geliebt wird, als dass sie Gott bitten könnte, nicht nur nicht angerechnet, sondern auch getilgt zu werden, dann darf die dämonische Defensive so wenig erlahmen in ihrer Anstrengung, das *stale mate* einzubalancieren, wie die verdrängte Welt nicht darauf verzichtet, dem solipsistischen Lynkeus aggressive Fratzen zu schneiden. Nach Kierkegaard ist sie Angst vor Ein- und Ausbruch von Offenbarung. Immer in Atem gehalten und davon ab, mit dem ungedeckten Rücken zur ausgeklammerten Realität auf ihr heimliches Gravitationszentrum zu starren, muss sie ihre Präventivwaffen mit dem oszillierenden Potential der „Widersachen" abwandeln. Diese spirituelle Gleichgültigkeit, von der Sartre anmerkt, sie sei von der ständigen Gegenwart eines hinter ihrem Rücken schweifenden Blickes beunruhigt und aus dem ataraxistischen Konzept zu bringen, ist von dessen naturalistischen Fermenten infiltriert und unterwandert. Rache, die mit asketischer Nichtachtung das Leben magisch für seine Frustrationen straft, ist Dämonie ihre eigene Strafe, in Konsequenz ihrer Perfektion dialektisch ihre kristalline Reinheit selbst trüben zu müssen mit einer Extraneität, der zu entgehen sie sich gerade gewählt hat. Das ausgeblendete Desubjektifikat wird durch die Exklusion nicht transparent, sondern empfängt im Gegenteil daraus seine blinde Irreluzenz.

Die in sich kreisende, abgeschliffene Selbstidentität des Heiligen ist der pure Doppelgänger der stummen Selbstkoinzidenz seiner Säule. Einzufangen sind die *Objektionen*, deren *Objektitäten* das Eigenleben des Toten gewinnen, nur durch rituelle Wiederholung von Husserls *Epoché*, die mit Feinschnitten den unprognostizierbaren Metamorphosen zuvorkommt, um nicht aus dem Hinterhalt durch einen Hakenschlag des Realen überrascht zu werden. In Hans Erich Nossacks Erzählung "Die Schalttafel" lenkt der Student Schneider den argwöhnischen Lichtkegel der Zumutungen von sich ab durch geheuchelte Botmäßigkeit, die das Einverständnis noch ironisch übertreibt, um die Grenze nach innen definierbar zu halten, und von wirklicher Willfährigkeit schließlich nicht mehr zu trennen ist : der Heilige bleibt auf dem Laufenden. Die Scheinbesetzung der fahrengelassenen Objekte gibt sich dem verabsolutierten Probehandeln eines mikrologischen Lebens hin, und die Rückzugsgebärde stößt dabei nicht ins Leere, sondern weiß sich abgefangen durch ein vorgepolstertes Reservat. Doch das Subjekt wird seiner Subjektivität nur soweit froh, wie es die Objektitäten fürchtet, in die es sich selbst verwandelt.

Es richtet sich unwohnlich ein in der Oszillation zwischen einer Abwehrgeste, die ihre Anwesenheit in der Welt, die sie abwehrt, leugnet, und dem Juckreiz, der es nicht bei sich aushält, weil er die Ewigkeiten des weltlichen Nichts und des dämonischen Alls zu interpolieren hat. Das leere Sausen der heiligen Innerlichkeit insistiert hartnäckig auf sein Recht, als verneinender Schritt zurück vor der Welt sich definieren zu dürfen, vor ihrer *deontologischen Ontologie*, und nichts als die inerte Aufrechterhaltung dieser Wahl zu sein. Der Gedanke stellt sich zur Wirklichkeit tot und muss wie Kierkegaard Gott zitieren zum Garanten des okkasionalistischen Augenblicks, der einen Stromstoß in den dämonischen Herzmuskel jagt. Kierkegaard empfiehlt Dramatikern einen Herrscher, der Mitwisser seines einsamen Geheimnisses braucht und Macht hat, sie nach Ablegen seines Geständnisses umzubringen. Zerknirschung, die aus dem Kontakt mit unreiner Dinglichkeit heraus in sich geht, ist die

Sünde selbst, deren Sanierung sie einleiten will, folgt nur der zentripetalen Kontraktion der Dinge, die erkaltend in ihre sanierte Selbstkoinzidenz sich verkriechen.

Adorno machte es allgemeingültig, dass es weniger auf das Allgemeingültige ankomme als im Gegenteil auf das ganz Besondere, das sich dem Zugriff der Allgemeinbegriffe entzieht. Das Allgemeine sei das nur Durchschnittliche, das dem einsam Einzelnen seine Einzigartigkeit abschneide, indem es Individuen nur miteinander vergleiche im Hinblick auf kleinste gemeinsame Nenner, über deren Kamm es sie schere und in deren gleiches Boot es sie setze. Ihr allgemeines Wesen bringe alle Wesen um ihr unverwechselbar Eigenes und ihre unreduzierbare Unaustauschbarkeit. Adornos Paradox besteht darin, gerade das wesentlich Außerbegriffliche auf seinen Begriff zu bringen und die generelle *Nichtidentität* des Generellen und des Singulären zu identifizieren. Adorno subsumiert eher die Subsumtion der Natur unter den Geist wieder zurück unter die Natur, die sie nachahmt und überbieten will. Das Sub-jekt unterwirft sich freiwillig wieder dem Objekt, das es sich unterworfen hat, um Herr über seine Herrschaft über innere und äußere Natur zu werden. Das Ich, das alles beherrscht, muss lernen, sich selbst zu beherrschen, d.h. Herr über seine prätendierte Allmacht zu werden. Herrscht das Sub-jekt über die ganze Natur, dann auch über seine eigene, die darin besteht, alles zu beherrschen.

Besonders sind in der Selbstbeherrschung Herr und Knecht nicht identisch. Der Inbegriff von allem ist selbst kein Teil des Alls, das er begreift. Ich kann mich selbst begreifen als einer unter anderen, aber nicht als den, der alle begreift samt seiner selbst im Besonderen. Kant fasste diese Nichtidentität als den Dualismus zwischen empirischem und intelligiblem Charakter. Bertrand Russell formalisierte die Aporie der Selbstreflexibilität in den „Principia mathematica" (1912), indem er Begriff und Objekt als verschiedene logische Typen begriff. Keine Menge von Individuen enthalte sich selbst als Element, sondern nur als Teilmenge, und die Klasse seiner Objekte müsse komplett vorliegen, ehe ihr Begriff gebildet werde, der nicht selbst unter seine Gegenstände fallen dürfe. Nun ist eine Aussage aber erst 'wahr', sofern sie identisch ist mit dem Sachverhalt, über den sie spricht : „Dasselbe nämlich sind Denken und Sein." *(Parmenides)*. Man kennt Kants Lösung dieser Frage : Das Subjekt identifiziert das Objekt als sein(e) Projekt(ion) und bleibt nichtidentisch mit dem 'Ding an sich'. Adam *erkennt* Eva, nicht aber ihr 'Ding-an-sich'. Die Erkenntnis der Natur nötigt diese, dem Bilde zu gleichen, das der Erkennende sich von ihr macht, indem er sie auf seinen Leib zuschneidet. Nicht die Erkennenden als Individuen, sondern als Gattung vergewaltigen die Individuen in ihrer sinnlichen Mannigfaltigkeit zur Vereinigung mit dem einzigen Erkenntnissubjekt, der *idealen Forschungsgemeinschaft* als transzendentalem Subjekt. An sich selbst bleibt Mutter Natur 'unerkennbar' transzendent für den transzendentalen Ödipus. und das sinnlich Gegebene an sich an den Vater im Himmel mit seinem *intuitus originarius* vergeben.

Wer mit Mutter Natur eins bleibt, wird kastriert, büßt sein ganz Besonderes ein. Die Einheit mit dem großen Ganzen wird bezahlt mit dem Verlust der Lust am Eigensten, einem unscheinbar Geringen, das alles sei, wie Adorno betont. Freud zählt den Phallus unter die Kategorie des 'Kleinen'. Der Begriff von Mutter Natur, der konterkariert, wie einst diese meinen Begriff von ihr (in sich und unter sich) begriff, ist jenes ursprünglich Kleine, das sich aufspreizt und darauf versteift, seinerseits die Natur so zu entmannen, wie es von ihr zuvor entmannt wurde. Die Natur kastrieren kann dann nur noch heißen, sie als immer schon kastriert zu erkennen, und der Begriff kastriert den Begreifenden selbst. Menschen fallen eher unter ihre eigenen Begriffe, als dass sie begreifen. Die Natur wird von ihrem avanciertesten und exaltiertesten Produkt gegriffen und angegriffen, Menschen inbegriffen.

Adorno wollte 'das ganz Andere' und Nimmergleiche, auch den „Ganz-Anderen" (Karl Barth) im Himmel auf Erden. 'Anderes' ist etymologisch das mit Diesem hier entzweite Jene dort (das dem deshalb ähnlich bleibt, wo es mit ihm bricht und umgekehrt), das Zweite, welches dann das Erste sein wird, laut Buch der Bücher. Es kommt zeitlich zuerst und ist erstklassig zugleich. Das und der Einzelne im Gegensatz zum Allgemeinen, von dem es ausgeschlossen wird und sich selbst ausschließt in seiner Einzig-Artigkeit, ist kein nur beliebiges Belegexemplar seines Oberbegriffs, sondern bildet eine 'Klasse für sich', deren einziger Bestandteil es darstellt, eins weder mit sich noch mit anderem. Es ändert sich, indem es selbst das Andere wird. Das ganz Andere als ganz Besonderes ist nicht das nur gleich-gültig Verschiedene voneinander, nicht nur eines unter anderen, sondern ausgezeichnet – vor anderen. Und es ist ausgezeichnet, sofern es sich ausgezeichnet hat vor anderen: Es kann mehr. Kunst kommt von Können, sagt der Bon sens. Und es gibt keine reale Möglichkeit ohne wirkliches, wirksam werkliches Vermögen.

Ich bin anders als du. Du bist anders als ich. Also bin ich anders als ich selbst. Also bin ich vielleicht (wie) du?

Besondere Eigenschaften und -heiten müssen mich geeignet machen, andere, die sich untereinander in allen anderen Hinsichten voneinander unterscheiden mögen, darin gleichzuschalten, dass sie nicht ich sind. Ich kann etwas, was ihr nicht könnt, und diese meine Kunst macht euch alle einander gleich, also zu jenen, die das nicht können. Einer macht die anderen zur Einheit jener, die das hier nicht beherrschen. Der beliebige Unterschied wird zum ganz Besonderen erst durch das Vermögen, eine Allgemeinheit herzustellen, die Gemeinsamkeit derer, welche darin übereinstimmen, nicht zu können, was ich kann, also nicht ich zu sein.

Das Sein ist dann Produkt der Tat, nicht diese der Ausfluss von jenem. Die Tat ist dann Ausfluss eines Seins, welches Produkt der Tat ist. Dann verbindet die Mitglieder einer Allgemeinheit ein grundlegender Mangel, der sie hindert, das Besondere als Absonderlichkeit auszusondern.

Der ewig kränkelnde Marcel ist anders als die anderen, eher weniger als mehr. Als lebensuntüchtiger Snob findet er sich ausgegrenzt aus dem herrschend Allgemeingültigen. Erst vor seiner Eigenschaft als Verfasser der „Recherche" wird dieselbe Allgemeinheit, die ihn gerade noch entwertet hat, zu einem alle verbindenden Defizit, das all ihre sonstigen Differenzen überformt und sie in denselben Topf wirft, nicht Proust zu sein. Der als nichtidentisch Identifizierte identifiziert seinerseits seine Identifikateure und hat plötzlich einen Begriff von dem Begriff, den man sich von ihm macht – gerade kraft dessen, was an ihm unbegreiflich ist. Genauer: unbegreiflich an ihm ist gerade der Begriff, den er sich von dem Begriff macht, der von ihm gemacht wird. Er begreift sein Begriffensein durch jene, die eben sein Sie-begreifen nicht ebenso gut begreifen. Wodurch ich mehr und anders bin als euer Begriff von mir, ist mein Begriff sowohl von euch als auch von eurem Begriff von mir (samt meinem Begriff von ... etc.). Stimmen alle nicht nur darin überein, dass jeder anders als jeder andere, sondern auch und vor allem darin, nicht (wie) ich zu sein, ist mein Begriff von ihnen gerade nicht identisch mit ihnen. Das Besondere an mir, das nicht in ihrem Begriff von mir aufgeht, ist mein Begriff von ihnen, nicht ein Stück blinder Natur und sinnlich Sinnloses. Ich identifiziere sie alle, indem ich sie miteinander identifiziere als nicht identisch mit mir, und ich bin genau diese Nichtidentität, diese spezifische Differenz zur Einheit aller : ein Einzelner als Einziger. Nur einer, wenigstens einer, mindestens einer, ist dann das seltsam Seltene, das sonderbar bis absonderlich Besondere, das extra ordinäre Außerordentliche und einsam Ungemeine.

Weniger ist mehr. Die Kunst besteht darin, defiziente Allgemeinheiten zu produzieren durch etwas gerade ganz Besonderes, nicht nur gleichgültig Anderes, Allgemein-gültiges. Der 'Fähige' ist etymologisch der 'Fangende', der imstande ist zu erfassen, was ihn packt (an der Gurgel), der be-greift, was ihn er-greift wie einen Untäter, der sich darauf versteht zu verstehen, der Empfängliche, der begabt ist, (Auf)Gegebenes zu ver-nehmen und geschickt genug, sein eigenes Schicksal zu sein. Nun ist es gerade nichts Besonderes, etwas Besonderes zu sein: alle gleich, jeder anders. Jeder ist anders als jeder andere. Und ich bin auf andere Weise anders, als du anders bist als jener. Bloß anders zu sein ist gerade nichts Besonders, ohne dass deshalb das Besondere nun darin bestünde, wie alle anderen zu sein.

Die „spezifische Differenz" kommt in das Immergleiche durch innere Differenzierung, durch Nachbildung jener Unterschiede in mir selbst, aus denen die anderen bestehen. Unterscheide ich mich so von mir selbst, wie die anderen sich voneinander unterscheiden, bin ich bereits von ihnen unterschieden, *anima quodammodo omnia*. Gott ist der Inbegriff dessen, der alles (in und unter sich) begreift, und durch nichts seinerseits begriffen wird (in seinem Begreifen). Das Urteil ist die Ur-teilung von Subjekt und Objekt, eine Distanzierung durch Subsumtion und umgekehrt. Alle Begriffe, unter deren jeden ich falle, fallen unter mich als ihren Inbegriff. Ich bin Inbegriff aller Begriffe, unter die ich subsumierbar bin. Der Existentialismus ist ein Essentialismus : Schaffe ich mein eigenes Wesen, indem ich das der anderen schaffe? Ich bin einer u.a. in Bezug auf eurem Begriff von mir, aber dieser Begriff ist selber einer u.a. nur. Arbeitsteilung, das sind die spezifischen Differenzen innerhalb derselben vorgegebenen Totalität. Teil am großen Ganzen habe ich gerade durch das, wodurch ich anders bin und anderes kann als die anderen. Gegenteil der besonderen Ganzheit werde ich erst, wo mein Beitrag nicht sinnvoll, d.h. geeignet ist, dieses Ganze herzustellen.

Muss ich all-es all-ein können, jenseits der Arbeitsteilung, wenn ich andere nicht funktional für je mein besonderes Ganzes einspannen und zwangsverpflichten kann? Das Besondere, welches das Ganze ganz überschreitet, will jenes Ganze sein, welches das transzendierte und damit partikularisierte Ganze zu einer aussonderbaren Absonderlichkeit seinerseits herabsetzt.

Die Gegenteile bleiben Teile eines Ganzen. Transzendenz ist Negation, aber Negation ist nicht schon immer Transzendenz. Oder bleibt gerade das Überschreiten als Übertreffen an das gebunden, was es hinter und unter sich lässt? Das bloße Mehr oder Weniger desselben bleibt doch in dessen Bannkreis, oder gibt es hier so etwas wie ein 'Umschlagen der Quantität in neue Qualität'? Wer andere besser als andere übers Ohr hauen kann, haut schließlich immer noch und erst recht übers Ohr. Kommt es also weniger darauf an, ein Spiel zu gewinnen, als das Spiel für sich zu entscheiden, im Wettkampf der Spielarten zu siegen? Es gibt z.B. wirtschaftliche, politische, soziale, wissenschaftliche, technische Arenen, in deren jede Preise winken. Wieso soll z.B. Literatur oder Philosophie diesen eine Niederlage bereiten? Muss ich nun, um zu gewinnen, der größte Denker sein oder überhaupt nur philosophieren, um schon den Besten aller anderen Disziplinen voraus zu sein? Und wenn gerade Kultur der Wettstreit um die Priorität der Künste wäre? Hegel hat Philosophie ja so verstanden wissen wollen. Das öffnet dem Ressentiment natürlich Tür und Tor : Ich nenne das Spiel, das ich nicht beherrsche, einfach ein Scheißspiel, und ernenne meine zufällige Lieblingssportart zur Mutter aller Disziplinen und zum Spiel aller Spiele. Philosophie untersucht mein Recht dazu.

Vorschlag für eine philosophische Altersbibliothek

Chuang-tsi: „Das wahre Buch vom südlichen Blütenland“

L. Annaeus Seneca : „Briefe an Lucilius“

Michel de Montaigne : „Essais“

Imm. Kant : „Grundlegung zur Metaphysik der Sitten“

S. Maimon : „Versuch einer neuen Logik … “ (1794)

G. Fr. Hegel : „Phänomenologie des Geistes“ / „Ästhetik“

Arthur Schopenhauer : „Aphorismen zur Lebensweisheit“

Friedrich Nietzsche : „Menschliches, Allzumenschliches“

Nicolai Hartmann : „Das Problem des geistigen Seins“

Hedwig Conrad-Martius : „Der Selbstaufbau der Natur“

Th. Adorno : „Minima moralia“ / „Negative Dialektik“

Jean-Paul Sartre : „Der Idiot der Familie“

Hermann Schmitz : „Der unerschöpfliche Gegenstand“ / „Der Weg der europäischen Philosophie“

I.M. Bochenski / A. Menne: „Grundriss der Logistik“

Hans Blumenberg : „Wirklichkeiten, in denen wir leben“, „Die Vollzähligkeit der Sterne“

Weiterführendes vom Autor

„Martin Heidegger –
Versuch einer Psychoanalyse seines *Seyns"*, 1993

„Die Irren sind auch nicht mehr die einzig Normalen"
(Erzählungen), 1997

„Auch der Eskimo klebt an seiner Eisscholle"
(Geschichten und Virtuosenstücke), 1998

„Am schnellsten vermehrt sich die Unfruchtbarkeit –
Essays zur Multi-Kulturlosigkeit"
(Rückblick auf das 21. Jahrhundert), 1998

„Dein Leben hat Sinn – für deine Ausbeuter",
Ein aphoristisches Gesellschaftssystem, 2016

„Objektivität durch Subjektivität oder umgekehrt? –
Phänomenologischer Entwurf
einer dekonstruierten Erkenntnistheorie", 1999

„Nur in der Fremde fühle ich Fernweh"
(Idyllischer Roman), 2000

„Künste und Wissenschaften als verlorene Paradiese –
Essays zur Bedeutung der Kultur-Idyllen", 2000

„Der Mensch ist, was er verg-isst /
Kosmostheorie oder Gemeinschaftspraxis", 2007

„Philosophische Formelsammlung :
*Ambivalente Gedankenexperimente und nachsokratische
Fragmente",* Verlag Königshausen & Neumann, 2012

„Gedankenlesen : Hirnforschung ohne Computertomo-
graphen – *Philosophie zwischen Wissenschaft, Kunst und
Religion",* DWV Deutscher Wissenschafts-Verlag, 2013

„Die Liebhaber der Sophie –
Philosophiegeschichte in Philosophengeschichten", 2013

„Aphorismen zur Zeitaltersweisheit –
Kopfverdreher, Kopfzerbrecher", 2014

„Ist *Philosophical Correctness* eine Kommunikations-
wissenschaft? *Versuch über moderne Versuchungen*",
2015

„Die längste Leine trägt die Freiheit –
Faule Zaubersprüche", 2015

„Quanten, Quarks und Strings im Kopf –
Eintausend neue Aphorismen", 2015

„Die meisten Aufrechten sind unter Gefallenen /
Dumme Sprüche, alte Spiele", 2015

„An sein Innerstes erinnert sich keiner –
Nicht ganz dichte Gedichte", 2015

„Zur Tiefenpsychologie der Philosophiegeschichte : *Kurze
Geschichte der unbewussten Weltanschauungen*", 2015

„Mann und Frau befreien sich – voneinander /
Geschlechterkrieg oder Klassenkampf?", 2015

„Zur Dialektik und Phänomenologie
der Natur- und Kultur-Idyllen", 2015

„Wer gut abschneidet, kastriert –
Zurück zur frühromantischen Magie?", 2015

„Nächtliche Streichhölzer –
Aphorismen zur Lebensgewohnheit", (Satiren), 2016

„Esprit und Geisteswissenschaften – *Wechselwirkungen
zwischen Kunst, Philosophie und Psychologie*", 2016

„Fürchte den, der dich fürchtet – Hundert Jahre DADA", *Zwergrätsel zu Spottpreisungen*, 2016

„Mit einem Satz ins Freie – *Reflexionen, Urteile und Sentenzen*", 2. überarbeitete Auflage, 2016

„Kurz und klein – klein, aber fein", *Aphorismen,* 2016

„Gewinner heißen Spielverderber", *Aphorismen*", 2016

„Sei zu klein, um zu herrschen, und zu groß, um beherrscht zu werden – *Dogmatische Aphorismen*", 2016

„Schlafmützen nennen uns Träumer – *Lumpenproletarische Sprüche*", 2017

„Zwergrätsel, Satiren und Zwickmühlen – Auswahl von Aphorismen". 2017

„Philosophische Überlegungen in psychologischen Auslegungen – *Bauchgedanken und Kopfgefühle :* Wenn die Seele auf den Geist geht", 2017

Empfohlene Aphorismenbände

„Der Mensch ist, was er verg-isst / *Kosmos-theorie gegen Gemeinschaftspraxis*“, 2007

"Philosophische Formelsammlung –
Ambivalente Gedankenexperimente und nach-sokratische Fragmente“, 2012

„Aphorismen zur Zeitaltersweisheit –
Kopfverdreher, Kopfzerbrecher“, 2014

„Mit einem Satz ins Freie –
Reflexionen, Urteile und Sentenzen“, 2016

„Zwergrätsel, Satiren und Zwickmühlen –
Auswahl von Aphorismen“, 2017